CATHERINE.

ROMANS

DE MADAME LA COMTESSE DASH.

	vol.	fr. c.
Le Jeu de la Reine.	2 in-8	15 »
Madame Louise de France.	1 in-8	7 50
L'Écran.	1 in-8	7 50
Madame de la Sablière.	1 in-8	7 50
La Chaîne d'or	1 in-8	7 50
Le Fruit défendu.	4 in-8	30 »
La Marquise de Parabère	2 in-8	15 »
Les Bals masqués	2 in-8	15 »
Le Comte de Sombreuil.	2 in-8	15 »
Le Chateau de Pinon.	2 in-8	15 »
La Poudre et la Neige.	2 in-8	15 »

Le Meunier d'Angibault, par *George Sand*.	3 in-8	21 50
Les Grotesques, par *Th. Gautier*.	2 in-8	15 »
Milla et Marie, par *Jules Sandeau*.	2 in-8	15 »
Le Café de la Régence, par *A. Houssaye*.	2 in-8	15 »
Une Larme du Diable, par *Th. Gautier*.	1 in-8	7 50
La Comédie de la Mort, par *Th. Gautier*.	1 in-8	7 50
Suzanne et la Confession de Nazarille, par *E. Ourliac*	2 in-8	15 »
La Comtesse Alvinzi, par *le marquis de Foudras*.	2 in-8	15 »
Fernand, par *Jules Sandeau*	1 in-8	7 50
La Tour de Biaritz, par *Élisa de Mirbel*.	1 in-8	7 50
Deux Trahisons, par *Auguste Maquet*.	2 in-8	15 »
Suzanne d'Estouville, par *le marquis de Foudras*.	4 in-8	30 »
Le Moulin d'Heilly, par *Roger de Beauvoir*.	2 in-8	15 »
Le Sacripant, par *Maximilien Perrin*.	2 in-8	15 »

Sous Presse :

	vol.
La Peau de Tigre, par *Théophile Gautier*.	2 in-8.
La Princesse de Conti, par Mme la comtesse *Dash*	2 in-8.
Teverino, par *George Sand*.	2 in-8.
Valcreuse, par *Jules Sandeau*.	2 in-8.

SCEAUX. — IMPR. DE E. DÉPÉE.

JULES SANDEAU.

CATHERINE

I

PARIS
DESESSART, ÉDITEUR,
8, RUE DES BEAUX-ARTS.

M DCCC XLVI

A MADAME LOUISE DE LAPLACE.

Madame,

Votre bienveillance est si précieuse qu'elle suffit à donner du prix aux moindres choses. Il m'a semblé qu'en daignant sourire à ce petit livre, vous l'aviez éclairé d'un reflet de votre grâce et de votre esprit. C'est ce qui m'enhardit à le mettre à vos pieds, avec l'expression respectueuse de mes sentiments les plus tendres et les plus dévoués.

JULES SANDEAU.

Paris, 15 novembre 1845.

LE PRESBYTÈRE.

Saint-Sylvain est un pauvre village en pays Marchois. Vous voyez d'ici quelques toits de chaume groupés autour d'une église rustique, comme des enfants en guenille autour de leur mère qui les rassemble avec amour et les presse contre son sein pour les réchauffer. Ce petit pays est pauvre, mais pittoresque ; ce qui m'en plaît surtout, c'est qu'il est ignoré et que nul touriste indiscret n'en a jamais trahi le mystère. L'hiver, vous diriez une Sibérie; mais vienne le printemps, tout s'égaie, verdoie, chante et fleurit. Le village cache sa misère sous le manteau de feuillage qu'avril et mai lui jettent sur les épaules; les liserons étoilent les haies, les cerisiers secouent leur neige odorante sur la marge des sentiers, et les toits de chaume se transforment eux-mêmes en parterres où croissent et vivent en bonne intelligence des familles de violiers et de joubarbes, de campanules et de pariétaires.

Sur la place de l'église, plantée de tilleuls et d'ormeaux, s'élève une maison d'assez chétive apparence, mais qui, au milieu des masures étendues à ses pieds, a tout l'air d'un petit château seigneurial. Ce n'est, à vrai dire, qu'un corps de logis à moitié ruiné, entre cour et jardin, avec une terrasse ombragée de grands marronniers et d'où l'on découvre la vallée qu'arrose la Creuse. A l'époque où commence ce récit, cette maison était habitée par Jean-François Paty, depuis près de vingt ans curé de ce hameau. Voici près de vingt ans qu'il était venu, par un rude hiver, s'y installer avec sa sœur, jeune encore, et sa nièce âgée de quelques mois. Sa sœur étant morte peu de temps après, il avait confié l'orpheline aux soins d'une paysanne du bourg, se réservant de l'envoyer plus tard dans une pension de la ville voisine ; mais lorsqu'on en fut là, la petite cria si fort, et se cramponna si bien à la soutane de son oncle, que celui-ci ne se sentit pas le courage de s'en séparer. C'était une âme douce et tendre en qui l'amour de Dieu, au lieu de l'étouffer, avait fécondé, tout en l'épurant, le germe des affections humaines. Il prit sa nièce entre ses bras, et tous deux allèrent ainsi faire dételer la carriole d'osier qui attendait à la porte pour emmener Catherine à la ville. Ce fut une grande joie, pour l'enfant d'abord, puis pour les paysans du bourg qui l'aimaient déjà; pour la bonne Marthe surtout qui l'avait nourrie; enfin pour le curé lui-même dont elle égayait à la fois le cœur, l'esprit, la table et le foyer. D'ailleurs les revenus de la cure, à peine suffisants, passaient presque tous aux pauvres; encore restait-il bien des misères à soulager. Pour faire élever sa nièce dans un pensionnat, le curé aurait dû grapiller nécessairement sur le budget des indigents. Tout pesé, tout vu, tout calculé, il se décida, par raison autant que par faiblesse, à garder Catherine auprès de lui et à faire son éducation.

Cette éducation fut ce qu'elle devait et tout ce qu'elle pouvait être. Bonne et primitive nature, aimant le bien jusqu'à la passion, ne croyant point au mal, ne le soupçonnant même pas, François Paty était aussi, à son insu, une âme poétique et charmante dans sa simplicité native. Sorti des rangs du peuple, voué dès sa jeunesse à la prêtrise, il avait embrassé le service des autels par vocation sincère et fervente; jamais ses vœux ni ses ambitions n'avaient rien entrevu au-delà des humbles et austères devoirs qui lui étaient échus au fond de ces pauvres campagnes. A plusieurs reprises, on lui avait offert une cure plus importante; mais il avait toujours refusé, disant qu'il ne pourrait jamais consentir à résigner en d'autres mains la garde de ses ouailles, et suppliant pour qu'on le laissât vivre et mourir dans son obscurité. Cependant, une fois, les ordres de l'évêque avaient été si pressants et même si formels, que François Paty avait dû, pour le coup, songer sérieusement à s'y soumettre. En effet, un dimanche, après vêpres, il monta en chaire pour annoncer à ses paroissiens la triste nouvelle et leur faire en même temps ses adieux. Maître d'abord de son émotion, il commença d'une voix ferme; mais en remarquant malgré lui le douloureux étonnement qui, à mesure qu'il parlait, se peignait sur tous les visages; en voyant rassemblés autour de lui, pour la dernière fois, ces braves gens dont il était depuis plus de douze ans le pasteur, le guide, le soutien et le père, gagné par l'attendrissement général que contenait à peine le respect du saint lieu, il fut obligé de se retirer précipitamment pour cacher ses pleurs et pour étouffer ses sanglots. Les choses ne devaient pas en rester là. Dans la soirée du même jour, le presbytère fut envahi par une députation, composée des notables du pays et présidée par le digne M. Noirel, qui cumulait à Saint-Sylvain les triples fonctions de maître d'école, de marguillier et de chantre au lutrin. Ce fut lui qui porta la parole : il s'en acquitta d'une façon plus naïve et plus touchante qu'on n'aurait pu raisonnablement l'espérer. Comme il se trouvait lui-même sous le coup d'une impression vraie et d'un sentiment sincère, le maître d'école n'abusa pas trop de son érudition, ne s'embrouilla pas trop dans ses phrases, et, pour un homme qui ne le savait pas, ne cita pas trop de latin. Le but de sa harangue était d'exprimer à François Paty les regrets, l'amour et la reconnaissance du village et de la commune : il en était à la péroraison, et le bon curé, touché autant que confus des belles choses qu'ils s'entendait adresser et qu'il sentait méritées peut-être, ne cherchait plus à retenir ses pleurs qui coulaient silencieusement le long de ses joues, quand soudain M. Noirel, au plus magnifique endroit de son discours, fut interrompu par ces cris qui partirent de tous les côtés : « Restez, ne nous quittez pas ! vivez au milieu de nous ! » Vainement l'orateur, furieux de se voir arrêté court précisément au passage pour lequel il avait réservé toutes les ressources de son éloquence, essaya-t-il d'imposer silence à la foule : on se pressa autour du curé, on lui prit les mains, on répéta : « Ne nous quittez pas ! » Les uns lui disaient : « Vous avez enterré mon père et baptisé mon enfant. » Les autres : » Vous avez béni mon mariage. » Ceux-là : « Vous m'avez sauvé de la misère. » Ceux-ci : Vous m'avez aidé dans la peine. » Et tous en chœur : « Restez ! vivez au milieu de nous ! » si bien que François Paty, n'y tenant plus, déclara qu'il irait se jeter aux pieds de son évêque, et lui demander, à mains jointes, d'être maintenu dans sa cure. Aussitôt dit, aussitôt fait. Il partit le lendemain et se rendit au siége de l'évêché, monté sur une petite jument d'un gris sale, mais d'un trot solide et d'une rare sobriété. Il revint au bout de quelques jours, plus fier et plus heureux que s'il avait obtenu un chapeau de cardinal; il avait obtenu de rester le plus pauvre curé du plus pauvre de tous les diocèses. La nouvelle s'en répandit aussitôt, et je laisse à penser, si ce fut pour Saint-Sylvain et les environs un sujet de réjouissance. On peut aisément, d'après ce court épisode, se faire une idée de François Paty et deviner quelle âme c'était là. C'était en même temps, ainsi que je l'ai dit déjà, un esprit charmant qui ne manquait pas de culture, tolérant, affectueux, rêveur, profondément épris, sans s'en douter, des beautés de la nature extérieure ; saisissant, sans le chercher, le côté poétique de son ministère; allant tour à tour de son bréviaire à ses poètes favoris, et confondant parfois, dans sa riante imagination, les psaumes et l'églogue, les chants bibliques et les mélodies païennes.

Catherine grandit en plein air, au milieu des enfants du village, tandis que sa jeune intelligence se développa et s'épanouit, comme une fleur sauvage, sous les angéliques influences de son bien-aimé précepteur. En grandissant, elle devint l'orgueil de son oncle, l'amour de tous, l'ange familier du presbytère. À seize ans, c'était une belle, pieuse et bonne fille, agréable à Dieu, aidant son oncle à faire le bien et répandant la vie, le bonheur et la joie autour d'elle. On l'avait surnommée dans le village, les uns la petite fée pour son adresse merveilleuse à tous les travaux de l'aiguille; les autres la petite vierge, à cause de sa ressemblance avec un portrait de la Vierge Marie dont François Paty avait fait présent à l'église. Il est très vrai qu'elle offrait dans toute sa personne un singulier mélange de finesse et de candeur, de coquetterie souriante et de suavité virginale, de gaîté pétulante et de douce mélancolie. Le dimanche, à la messe, avec ses traits longs et fins, d'une régularité parfaite, grave, sereine, recueillie, et ses beaux yeux noirs frangés de cils soyeux, on eût dit en effet une image de la sainte Vierge; puis, lorsqu'elle traversait le hameau, les joues fraîches et veloutées comme la pulpe d'une pêche, la taille petite et mince, souple et flexible comme un jonc, on eût dit alors une fée échappée du calice d'une rose, tant il y avait en elle de grâce mignonne, de prestesse et d'agilité. Elle était bonne pour tous, et tous l'aimaient. François Paty ne se gênait pas pour dire à qui voulait l'entendre, que cette aimable enfant était, pour le pays, une bénédiction du ciel. Lorsqu'il y avait à Saint-Sylvain ou aux alentours quelque misère à soulager, et que la bourse de François Paty était à sec aussi bien que le tronc des pauvres, Catherine envoyait vendre à la ville voisine les broderies qu'elle confectionnait elle-même, ou bien, montée sur Annette, la jument de son oncle, elle allait quêter dans les environs et ne rentrait jamais au gîte sans quelques pièces dans son escarcelle. Aussitôt qu'on la voyait apparaître, soit dans la cour d'une ferme, soit à la porte d'un château, on s'écriait : « Voici la petite vierge en quête pour les indigents ! » et chacun de bien l'accueillir et de mettre la main au gousset. On la connaissait à six lieues à la ronde, et partout l'on regardait son apparition comme un présage de bonheur. C'était elle qui parait l'église aux jours de fêtes, tantôt avec les fleurs qu'elle cultivait dans le jardin de la cure, tantôt avec les fleurs de papier qui s'épanouissaient sous ses jolis doigts. Et il fallait voir avec quel soin elle tenait la maison de son oncle, et quelles savantes reprises elle savait faire à l'unique surplis et à l'unique soutane du bon pasteur ! François Paty affirmait que sa nièce avait doublé les revenus de la commune, et c'était vrai.

— Convenez, disait-il parfois à son vieil ami Noirel, convenez que c'est là une sage et adroite fille et que le garçon qui l'épousera pourra se passer de la pitié d'autrui. Avez-vous vu les broderies que le petit Jean est allé vendre à la ville? Personne dans le bourg n'est capable d'y faire un point. Et comme elle pare l'église, le dimanche, avec goût! et que de reprises ne fait-elle pas à ma soutane! Grâce à elle, malgré notre pauvreté, l'honneur est toujours sauvé. Voisin, cette petite fille a sa dot au bout de ses dix doigts, et l'honnête garçon qui la prendra pour femme aura son bon ange visible à sa table et à son foyer.

Bien loin de contrarier François Paty dans son admiration pour sa nièce, M. Noirel prisait fort l'adresse et les talents de Catherine, qu'il destinait secrètement à son fils Claude, grand gars de vingt ans, appelé à remplacer un jour son bonhomme de père dans la triple charge de maître d'école, de marguillier et de chantre au lutrin. Claude montrait déjà pour cette dernière fonction une aptitude remarquable, et la façon dont il chantait les vêpres en faux-bourdon lui avait valu plus d'une fois les compliments de son curé. Le fait est qu'il avait une voix de stentor et que l'église en tressaillait du faîte à la base. C'était d'ailleurs un garçon timide, silencieux, n'ouvrant la bouche qu'au lutrin. Il chantait le dimanche et se taisait le reste de la semaine. Long et maigre comme un piquet, les cheveux plats et d'un blond fade, les yeux tournant quelque peu au vert, le teint pâle, le nez en trompette, il avait avec tout cela un air si bon, si humble et si doux, surtout lorsqu'il regardait Catherine, qu'il était impossible de n'en être point touché et qu'on finissait par ne plus remarquer sa laideur. Malgré ses formes grêles et presque chétives, il était doué d'une force herculéenne qu'on n'aurait point soupçonnée, sans la circonstance que voici.

Tels étaient les sentiments de respect, d'amour et même d'adoration qu'inspiraient dans la contrée François Paty et sa nièce, que celle-ci, seule, à travers champs, était en sûreté tout autant qu'elle aurait pu l'être à Saint-Sylvain, sous le

toit et sous la garde de son oncle. Jamais
elle n'avait recueilli sur son chemin que
des regards amis et des sourires bienveillants. Les gens de la campagne se découvraient sur son passage, et, du plus loin
qu'ils la voyaient venir, les petits pâtres
ôtaient leur bonnet et la saluaient avec
vénération; leurs chiens mêmes la connaissaient et allaient lui lécher les pieds.
Cependant il arriva qu'un jour Catherine
fut rencontrée par une bande de cinq à
six drôles, qui, n'étant pas du pays, et
voyant cette belle enfant qui chevauchait
seule le long des traînes, n'imaginèrent
rien de mieux que de l'assaillir de quolibets grossiers. La petite vierge s'arrêta
interdite, et les insultes redoublaient autour d'elle, quand tout d'un coup la tête
de Claude apparut comme par enchante

ment au-dessus d'une haie. Plus prompt que la foudre, lui, ordinairement si lent et si paisible, le jeune Noirel se rua sur les six drôles, saisit par une jambe le plus robuste et le plus vigoureux; puis, l'enlevant comme une plume et le faisant tourner comme un bâton, il s'en servit pour attaquer, rosser et mettre les autres en fuite. Cela fait il le jeta, plus mort que vif, dans un fossé bourbeux, et s'éloigna tranquillement sans avoir dit une parole, après avoir remis dans la main de Catherine la bride qu'elle avait laissé échapper.

Catherine et Claude avaient grandi et s'étaient élevés ensemble; le bruit courait dans le village qu'ils étaient promis l'un à l'autre. En effet, on ne voyait à Saint-Sylvain que le jeune Noirel qui, par sa belle éducation et par sa haute position sociale, pût raisonnablement prétendre à la main de la petite fée. Il est certain que ç'avait été de tout temps le secret espoir du maître d'école, qui finit par s'en ouvrir au bon curé. Or, il se trouva que, de son côté, François Paty caressait depuis longues années le même espoir et le même rêve. Mais l'on va voir par quels orages furent traversées ces modestes destinées et ces honnêtes existences.

Un soir de mai, le curé et sa nièce, le maître d'école et son fils étaient réunis tous quatre dans la salle du presbytère, autour d'un feu de fagots qui pétillaient et flambaient dans l'âtre; car, bien qu'on fût en plein printemps, les soirées étaient encore très fraîches et se ressentaient de la fonte des neiges, toujours tardive en ce doux, mais un peu froid pays de la Creuse. Assise auprès d'un guéridon que Claude avait façonné lui-même, car lui non plus ne manquait pas d'adresse dans les arts d'agrément, à la lueur vacillante d'une lampe de fer, Catherine tournait entre ses doigts plusieurs papiers aux mille nuances qui se changeaient insensiblement en belles et lourdes grappes de passe-roses qu'elle destinait à l'ornement de l'autel. Ses joues étaient encadrées par deux grosses nattes qui s'allaient perdre dans une profusion de cheveux noirs aux reflets marron, formant comme une corbeille derrière sa tête. Son cou blanc, un peu mince peut-être pour cette jolie tête surchargée de cheveux opulents, était caché par un fichu de mousseline unie, croisé chastement sur son sein virginal; une robe d'indienne brune, serrée en gerbe autour de sa taille, en faisait ressortir l'élégance et la ténuité. Blotti sous le manteau de la cheminée, les mains sur ses genoux, les pieds sur le bâton de sa chaise de paille, Claude contemplait en silence et d'un air d'admiration stupide, la jeune fille qui levait de temps en temps les yeux pour le regarder en souriant, car elle aimait ce pauvre Claude qu'elle avait toujours vu bon pour elle. Le curé et le maître d'école occupaient le milieu du foyer. N'oublions pas la nourrice de Catherine, la vieille Marthe qui filait dans un coin sa quenouille de chanvre, tout en se mêlant de loin en loin à la conversation de ses maîtres. Il s'agissait de choses plus graves et plus sérieuses qu'on ne pourrait l'imaginer. La fête patronale du village approchait, et l'on se demandait avec une anxiété visible, de quelle façon on allait s'y prendre pour célébrer dignement cette solennité. L'hiver avait été rude et la cure était au bout de ses ressources.

— Mes pauvres amis, disait François Paty en promenant ses mains sur ses bas de laine noir, je ne sais pas ce que nous allons devenir. La maladie et la mort de Lucas m'ont ruiné; sa veuve reste avec cinq enfants dans la plus profonde misère. Mon vicaire me demande à grands cris un surplis neuf. Ce digne garçon m'a fait depuis deux mois l'abandon de ses chétifs appointements, et je ne puis même pas lui donner le surplis auquel il aspire. Le mien est criblé de reprises et mon aube ne tient plus. A la grâce de Dieu! Catherine parera l'autel de ses plus belles fleurs, Claude chantera de sa plus belle voix, et il faudra bien que le bon saint Sylvain soit content. Nous ferons nos efforts pour le mieux fêter l'an prochain.

Comme il achevait ces mots, la porte de la salle s'ouvrit, et l'on vit entrer le facteur rural qui remit au curé une lettre sous enveloppe avec un large cachet de cire aux armes de l'évêché. François Paty brisa le cachet avec respect, mais à peine eut-il pris connaissance de la lettre du grand vicaire, que cette lettre s'échappa de ses mains et qu'il resta consterné sur sa chaise, sans qu'il fut possible de lui tirer une parole. Catherine ramassa la lettre et se prit à la lire d'un regard inquiet; mais à peine l'eût-elle achevée qu'elle se laissa tomber sur son siège, plus pâle, plus tremblante et plus consternée que son oncle. A son tour, M. Noirel lut la lettre fatale; mais à peine en eut-il parcouru le premier feuillet qu'il demeura foudroyé sur place. Claude lui-même, l'impassible Claude ne put lire cette lettre étrange sans en être frappé d'épouvante et de stupeur. Lorsqu'on saura que le grand vicaire annonçait à François Paty la visite pastorale de monseigneur l'évêque précisément pour le jour de la Saint-Sylvain, pour ce grand jour déjà cause innocente de tant de trouble et de tant d'embarras, on se pourra faire aisément une idée de la consternation qui dut suivre la nouvelle d'un si rare honneur.

Heureusement, François Paty était d'un caractère si imprévoyant et si insouciant dans tout ce qui touchait aux réalités et aux vanités de ce monde, qu'il eut pris bientôt son parti.

— Allons, allons, dit-il en se levant, il ne convient pas que la visite de Monseigneur soit ici un sujet de trouble et de désolation. Nous ferons de notre mieux, et Monseigneur ne se montrera pas plus exigeant que le bon saint Sylvain.

Là-dessus, comme il avait trotté toute la journée par monts et par vaux, il se retira pour s'aller coucher, après avoir serré la main des Noirel, dit bonsoir à Marthe, et baisé Catherine au front.

— Bonté divine! s'écria Marthe lorsqu'il fut sorti, fêter saint Sylvain, recevoir monseigneur l'évêque, et pas une bouteille de vin au cellier! pas une paire de poulets ou de canards dans la basse-cour! pas dix écus dans notre poche! Le surplis du vicaire est en guenilles, l'aube de monsieur le curé tombe en loques. Justice du ciel! qu'allons-nous devenir?

— Il est certain que le cas est grave, dit M. Noirel en hochant la tête.

— Que faire? ajouta Catherine. L'argent de mes dernières broderies a passé aux pauvres. J'ai tenté hier une quête dans les environs; mais presque tous les riches propriétaires sont absents, et j'ai recueilli si peu que ce n'est pas la peine d'en parler. Mon cher monsieur Noirel, ne voyez-vous personne qui pourrait nous venir en aide?

M. Noirel aurait pu s'offrir lui-même, car il avait des écus, le vieux marguillier. On en parlait du moins, mais on ne les voyait guère. Si son amour-propre de fidèle souffrait de la pénurie de l'église, son avarice restait la plus forte. Il avait pour habitude de donner deux sols à la quête de chaque dimanche, et lorsqu'il voyait Catherine aux expédients, il lui disait de la meilleure foi du monde : Je fais ce que je puis, je donne tous les huit jours. Cependant la perspective de la visite de Monseigneur le plongeait dans une vive perplexité; il se rappelait une à une toutes les reprises du surplis du vicaire, et peut-être songeait-il, bon gré malgré, à s'exécuter pour sauver l'honneur de la paroisse, quand tout d'un coup Catherine, qui, depuis quelques instants, se tenait muette et pensive, bondit sur sa chaise comme un faon sur les vertes pelouses.

— Il me reste un espoir, s'écria-t-elle. Hier, je suis passée devant le vieux château de Bigny. Les volets que javais toujours vus fermés jusqu'alors, en étaient tout grands ouverts et je me suis laissé dire que les maîtres étaient de retour. Je ne les connais pas, puisqu'ils ont quitté le pays depuis plus de vingt ans ; mais quelque chose me dit là qu'ils sont généreux, bons et charitables. Je partirai demain matin sur Annette, j'irai leur présenter ma bourse de quêteuse, et nous aurons bien du malheur s'il n'y tombe pas une ou deux pièces blanches.

— C'est une idée, s'écria M. Noirel en se hâtant de rengaîner ses bonnes intentions et tout joyeux d'en être quitte à si bon compte. Voici vingt ans, le comte des Songères ne passait pas précisément pour un seigneur bien généreux et bien charitable; il n'avait pas de religion, et l'on ne se souvient pas de l'avoir jamais vu, le dimanche, à la messe; mais il faut croire que Dieu et le temps auront amolli le cœur du pécheur.

Le lendemain au point du jour, Catherine s'habilla du mieux qu'elle put. Elle natta ses beaux cheveux avec soin et tira d'une haute armoire d'où s'exhalait un doux parfum de fleurs séchées, un frais chapeau de fine paille qui ne prenait l'air que dans les grandes occasions. Claude l'attendait à la porte du presbytère, en compagnie d'Annette qu'il avait bridée et sellée lui-même, aux premières blancheurs de l'aube. La petite fée se mit en selle, vive et légère comme un oiseau et disparut bientôt au détour du chemin, non sans avoir retourné plus d'une fois la tête pour voir et saluer de la main le pauvre Claude qui la suivait des yeux d'un air triste et charmé.

Il faisait une matinée magnifique. Catherine glissait le long des haies, au pas allongé de sa bête, s'enivrant des vertes senteurs que lui apportaient les folles brises, et pleine de confiance dans le résultat de la démarche qu'elle allait tenter. Cependant, à mesure qu'elle approchait du but de sa course, elle sentait pâlir son espoir, et sa confiance chanceler. Tous les gens qu'elle questionnait sur la route s'accordaient à dire que le château de Bigny n'était pas un lieu sûr, et que le comte des Songères était un homme dur et méchant. En découvrant la sombre façade du château, qui s'élevait tristement, avec ses tours et ses bastions, au fond d'un grand parc planté d'ifs, de cyprès, de sapins et de mélèzes, Catherine éprouva un vague sentiment de terreur, et fut sur le point de faire tourner bride à Annette; mais elle songea à la visite de Monseigneur, à la fête de saint Sylvain, à l'aube de son oncle, au surplis du vicaire, et prenant, comme on dit, son courage à deux mains, elle donna de son petit pied deux ou trois coups dans le flanc de sa monture, qui prit un trot tout gaillard et ne s'arrêta qu'à la grille.

II

LE CHATEAU.

Une fois à la grille du parc, Catherine sauta gentiment à bas de sa monture, qu'elle s'occupa sur-le-champ d'attacher par la bride à la tige d'un bouleau voisin. Les arbres n'avaient plus d'ombre ; il était l'heure de midi. La petite vierge était partie au soleil levant, mais, outre que l'on compte cinq bonnes lieues de Saint-

Sylvain au château de Bigny, Annette n'avait pas précisément des ailes, et encore avait-elle flâné le long des haies, s'arrêtant çà et là pour tondre les pousses nouvelles et l'herbe tendre qui tapissait les marges du chemin. Après avoir donné un coup-d'œil à sa toilette et s'être examinée des pieds à la tête, la jolie quêteuse ouvrit la porte, non sans émotion; mais, comme elle allait en franchir le seuil, elle aperçut Claude qui venait à elle, tout essoufflé et tout haletant. Catherine pensa qu'il était arrivé quelque malheur au presbytère; elle pâlit, et faisant quelque pas vers l'honnête garçon :

—Claude, qu'y a-t-il? demanda-t-elle aussitôt d'un air effaré.

—Tiens, Catherine, répliqua le fils de

maître Noirel, si tu veux m'en croire, tu vas remonter sur Annette et t'en revenir sans pousser plus loin l'aventure. Décidément de mauvais bruits circulent sur ce château. Il n'y avait pas trois heures que tu étais partie, quand j'ai rencontré le père Radigois qui m'a dit : — Je viens de voir passer la petite vierge qui s'en va quêter à Bigny ; mieux vaudrait qu'elle allât quêter chez le diable. La mère Simon m'en a dit autant, et tous ceux qui t'ont vue passer, m'ont répété la même chose. Alors, j'ai pris mes jambes à mon cou et j'ai couru pour te rattraper. Dieu soit béni, j'arrive à temps. Catherine, ne va pas plus avant, c'est l'avis de tout le village.

— Bon, bon ! s'écria Catherine demi souriante et demi effrayée ; quel mal veux-tu qu'il m'advienne? Le pire sera de me voir congédiée et de m'en retourner comme je suis venue, mains vides et bourse légère. A la grâce de Dieu! Mais, si dur et méchant qu'il soit, j'ai bien peine à croire que le comte des Songères repousse sans pitié une pauvre petite créature comme moi. Quoi qu'on dise, ce n'est pas un ogre, et nous ne sommes point ici à la porte du château de M. Barbe-Bleue.

A ces mots, Claude appuya un doigt sur ses lèvres et promena autour de lui un regard craintif et mystérieux. Après s'être assuré qu'il n'y avait là personne qui l'épiât ni qui pût l'entendre:

— Catherine, dit-il à voix basse, pour n'avoir pas la barbe bleue, pour l'avoir blanche, noire ou grise, le comte des Songères n'en vaut guère mieux et son château n'en est pas plus sûr. Reviens-t-en, Catherine ; les fauvettes ne s'aventurent pas dans le nid des orfraies, les biches ne se risquent point dans la tanière des loups et des renards.

— Tu vas me persuader, s'écria Catherine, que ce comte des Songères mange les petites filles !

—Dam ! répliqua Claude, on dit bien qu'il a tué sa femme, et que c'est pour cela qu'il a quitté le pays voici vingt ans. Depuis un mois qu'il est de retour, il n'a vu personne, n'a parlé à personne, et tous ceux qui l'ont aperçu à travers les arbres de son parc, assurent qu'il paraît plus sombre et plus terrible qu'il ne l'était avant son départ. Sans compter que son intendant, M. Robineau, n'a déjà pas l'air si bon ni si commode. Je le connais, celui-là; c'est un sournois qui, depuis vingt ans qu'il est au château, n'a pas donné une miche aux pauvres ni un rouge liard à la paroisse. Encore une fois, reviens-t-en, Catherine; j'ai là comme un pressentiment qu'il t'arriverait malheur en ce lieu.

— Mais, Claude, répondit la jeune fille en s'asseyant découragée sur un tertre vert, que veux-tu que nous devenions? Pense à la saint Sylvain, à la visite de l'évêque. Marthe n'a rien exagéré hier soir; le poulailler et le cellier sont vides, et pas dix écus dans l'armoire! L'aube de mon oncle n'en peut plus, et quant au surplis du vicaire, ça fend le cœur, rien que d'y penser.

—C'est vrai, dit Claude, ça déchire

l'âme. Dimanche dernier, en chantant les vêpres, je regardais ce malheureux surplis, et j'en avais des chats dans la gorge.

— Eh bien! ajouta Catherine, quelle idée monseigneur prendra-t-il de l'ordre du presbytère? Comment l'allons-nous recevoir? Quelle opinion emportera-t-il de nous tous?

— Bah! bah! s'écria Claude, Marthe fera des crêpes de blé noir que tu serviras toi-même; un verre de cidre par là-dessus, et monseigneur sera bien difficile si, de retour à Limoges, il ne se vante pas d'avoir mangé les meilleures crêpes de son diocèse, servies par la plus brave fille du pays.

— Mon pauvre Claude, dit Catherine en souriant tristement, tu ne me parais pas te douter seulement de la gravité des circonstances. Tiens, par exemple, suppose que ton père reçoive de Paris une lettre qui lui annonce que le roi va venir visiter son école. Il n'est pas probable que ça se présente jamais; mais enfin ça pourrait arriver. Est-ce que M. Noirel ne s'ingénierait pas de cent façons pour faire fête à un tel hôte? Toi-même, resterais-tu les bras croisés? Garderais-tu ta veste percée aux coudes? Croirais-tu pouvoir te dispenser de mettre ce jour-là une oie à la broche! Eh bien! Claude, c'est plus qu'un roi qui nous est annoncé, c'est plus qu'un empereur qui doit venir s'asseoir à notre table et se reposer sous notre humble toit; c'est un prince de la sainte Eglise, c'est un homme de Dieu, c'est un représentant de la divinité sur la terre.

A ces mots, Claude fit machinalement le signe de la croix, et tous deux, Catherine et lui, se regardèrent l'un l'autre en silence.

— Allons, allons, dit enfin Catherine, en se levant tout d'un coup d'un air résolu, je ne veux pas qu'on puisse me reprocher d'avoir rien omis ni rien négligé pour sauver l'honneur du village. Je jurerais que ce comte n'est pas si mauvais qu'on le dit ; j'ai là, moi, comme un pressentiment qu'il sera touché de ma prière. Voyons, est-ce que je ne suis pas bien gentille comme cela? ajouta-t-elle en s'examinant avec la grâce d'une bergeronette qui fait sa toilette au soleil. Supposons un instant que tu es le comte des Songères et que je te présente ma bourse de quêteuse avec un petit compliment : est-ce que tu refuserais d'y laisser tomber quelque chose?.

— O ma Catherine ! répondit d'une voix émue le digne garçon, en lui prenant une main qu'il pressa dans les siennes ; si j'étais le comte des Songères et si tu me présentais ta bourse de quêteuse, j'y mettrais mon château, et mon parc, et mes terres, et mes fermes, et mon cœur avec.

— Tu vois donc bien que je réussirai ! s'écria la petite fée en sautant avec effusion au cou du bon Claude.

— Que Dieu t'entende et qu'il veille sur toi ! dit Claude ; mais, pour plus de sûreté, je t'accompagnerai.

— Non, répondit Catherine après quelques instants de réflexion ; d'abord, ce serait indiscret, ensuite cela pourrait passer avec raison pour un signe de défiance. J'irai seule, tu m'attendras à cette place.

— Que ta volonté soit faite ! dit Claude en étouffant un soupir de résignation. Dans tous les cas, prends ce sifflet, ajouta-t-il en lui donnant un petit sifflet qu'il avait fabriqué lui-même avec une branche d'érable. Je vais rôder autour du parc ; si tu as besoin de mon assistance, siffle bien fort, et je te promets que mon secours ne se fera pas attendre longtemps.

— Merci, Claude, merci ! dit Catherine en lui serrant la main par un brusque mouvement de familiarité affectueuse. Je sais que tu es brave autant que bon, doux comme un agneau et vaillant comme un lion. Je n'oublierai jamais de quelle façon tu m'as un jour protégée contre ces vilains hommes qui m'insultaient, me croyant seule et sans défense. Il faut convenir que, quand tu t'en mêles, Claude, tu n'y vas pas de main morte; avec toi, j'irais sans peur jusqu'au bout du monde. Mais sois sûr qu'ici aucun danger ne me menace et que tu peux, en toute sécurité, laisser dormir tes deux poings dans tes poches. Attends-moi, veille sur Annette, prie Dieu pour le succès de mon entreprise et songe à la joie, si je réussis, d'aller ensemble à la ville pour acheter une aube et un surplis, avec quelques friandises pour le dîner de Monseigneur.

A cette douce perspective, Claude ne put s'empêcher de sourire; mais en voyant Catherine s'enfoncer dans le parc et gagner l'avenue du château, son visage s'assombrit de nouveau et son cœur se serra, comme s'il pressentait que c'était de cette visite que devaient résulter la ruine de ses espérances et le désespoir du reste de sa vie.

Ainsi que je l'ai fait observer déjà, ce parc était planté d'arbres du nord. On n'y voyait ni le tremble au feuillage toujours agité, ni le bouleau en robe de satin, ni le marronnier aux blancs panaches, ni le saule aux cheveux flottants ; ce n'étaient que sapins et cyprès à la ramure immobile et sombre. On eût dit que le soleil ne pénétrait qu'à regret sous ces mornes ombrages que n'égayait pas une fleur, que n'animait pas un chant d'oiseau, et d'où tombait cette atmosphère humide et froide qu'on respire autour des tombeaux, comme l'haleine de la mort. Au dehors, tout n'était que joie et lumière, parfum et gazouillement. Les insectes bruissaient dans les sillons, ou semaient l'air de rubis, d'améthystes et d'émeraudes; l'alouette montait comme une flèche dans le bleu du ciel; les troupeaux bondissaient sur le flanc des coteaux; les haies étaient remplies de mille cris charmants; la nature entière se réjouissait, et la terre, verte et parée, tressaillait comme une jeune fiancée, sous les étreintes du printemps. Au dedans, tout n'était qu'ombre, silence, solitude, et l'on aurait pu croire qu'il existait, autour de ce parc, un rempart invisible qui en interdisait l'entrée aux fêtes de la création. Tout s'y ressentait de la longue absence du maître. Les ronces obstruaient les allées disparues sous les grandes herbes. Dans les bassins, une eau verdâtre croupissait. Les bancs vermoulus et rompus gisaient à demi cachés sous le gazon : les pelouses s'étaient transformées en champs de broussailles. Rien ne révélait la vie dans cette enceinte désolée, si ce n'est quelques lézards qui frétillaient dans les herbages et quelques engoulevents qui s'échappaient de loin en loin des épais fourrés, en poussant un cri rauque et sauvage.

Au fond de ce parc dévasté, le château de Bigny s'élevait plus triste et plus sombre, avec ses tours et ses créneaux noircis et ruinés par le temps. La façade était mutilée sans que le lierre en cachât les blessures ; les volets fracassés pendaient à la muraille ; les pierres du perron étaient disjointes ; les girouettes râlaient sur leur tige rouillée. La brise qui chantait ailleurs pleurait autour de ce manoir à l'aspect fatal et sinistre. Catherine, qui n'avait pu se défendre d'une vague impression de terreur en traversant le parc, sentit son effroi redoubler, lorsqu'elle se trouva face à face avec cette habitation féodale d'où le mouvement et la vie semblaient s'être retirés entièrement. Après avoir rôdé à l'entour, sans réussir à dépister une âme ni la trace d'un pas humain, elle se décida à tirer d'une main tremblante une lourde chaîne de fer qui paraissait devoir aboutir à une sonnette. En effet, un carillon lugubre et formidable retentit aussitôt à l'intérieur. A ce bruit inusité sans doute, une nuée de corbeaux et d'oiseaux de proie s'envolèrent du haut des bastions, et Catherine, glacée d'épouvante, pressa sa poitrine à deux mains pour comprimer les palpitations de son cœur. La cloche vibrait encore sous la voûte sonore, lorsqu'un pas lourd se fit entendre, accompagné d'un grognement sourd. Pour le coup, la petite fée s'apprêtait à tourner bravement les talons et à s'enfuir sans demander, comme on dit, son reste; mais, au même instant, la porte massive roula péniblement sur ses gonds, et Catherine vit apparaître, comme un ours mal léché qui sort de son antre, un personnage qu'elle reconnut sur-le-champ pour l'avoir quelquefois rencontré dans ses excursions.

C'était un laid et petit vieillard dont la physionomie tenait de la fouine et du chacal. Il était chaussé de gros sabots, vêtu d'une longue redingote de castorine qui l'enveloppait des pieds à la tête, et coiffé d'une casquette de loutre qu'il se garda bien d'ôter en apercevant Catherine.

—Qu'est cela? demanda-t-il d'un ton dur et sec. Qui vous a permis de carillonner à cette porte? Qui êtes-vous? Que voulez-vous? Passez votre chemin; on ne sonne pas ainsi chez les gens.

— Mon bon monsieur Robineau..... balbutia Catherine d'une mourante voix.

— Je ne suis pas bon, dit brutalement le vieillard. Vite, au fait; quel sujet vous amène?

— Mon bon monsieur Robineau, reprit Catherine de plus en plus troublée, je suis la nièce du curé de Saint-Sylvain....

—Qu'est-ce que ça me fait? répliqua le butor en l'interrompant.

—Et je désirerais parler à monsieur le comte des Songères, qu'on m'a dit être de retour dans ses domaines depuis près d'un mois, ajouta Catherine qui se soutenait à peine.

— J'y suis, j'y suis, s'écria tout d'un coup le Robineau après avoir examiné quelques instants la petite vierge d'un air insultant et narquois. Vous êtes cette coureuse d'aventures qui s'en va trottant, seule, à travers champs, et mendiant de porte en porte. Pardieu! je me souviens de vous avoir rencontrée plus d'une fois dans les environs. Vous faites là un joli métier, ma mignonne : recevez-en mes compliments.

— C'est vrai, Monsieur, dit Catherine avec fierté, je mendie souvent et n'en rougis pas, parce que les indigents de la commune savent seuls où passent les aumônes que je récolte. Si vous avez pensé m'humilier en parlant ainsi, vous vous êtes trompé, Monsieur. Je ne suis en effet qu'une pauvre mendiante ; c'est le seul mérite dont je me glorifie devant Dieu.

— Je conçois, repartit le vieux faune avec un sourire diabolique, je comprends qu'avec un si frais minois vous ne trouviez point de cruels ; grâce à vous, la charité doit être dans le canton une vertu facile et qui coûte moins qu'elle ne rapporte à ceux qui l'exercent un peu largement. Mais ici, vous perdez votre temps, la belle.

— Vous êtes un vilain homme, dit Catherine, qui, sans rien comprendre au sens de ces paroles outrageantes, avait pourtant senti le rouge de la pudeur et de l'indignation lui monter au visage ; vous êtes un méchant homme, et moi, je ne mérite pas que vous me traitiez si indignement. D'ailleurs, ce n'est point à vous que je suis venue m'adresser ; conduisez-moi vers votre maître.

— D'abord, répondit l'intendant, mon maître ne reçoit point les filles de votre espèce ; ensuite, M. le comte est absent, et c'est tant mieux pour vous, ma mignonne, car malgré vos yeux noirs, vos dents blanches et votre fine taille, s'il était ici, M. des Songères vous aurait déjà fait jeter par ses gens hors de ses domaines. Allez, la belle ! allez gueuser ailleurs. Le gibier de votre sorte n'a rien à brouter sur nos terres.

A ces mots, l'abominable Robineau

rentra dans le château et ferma violemment la porte au nez de Catherine, qui demeura sur le perron, pâle, interdite, clouée sur place, le front couvert de rougeur, le sein gonflé de sanglots et les yeux remplis de larmes. Elle était là depuis quelques instants, debout, immobile et comme scellée à la pierre, quand l'affreuse tête de Robineau parut tout d'un coup à une fenêtre.

— Eh bien! cria-t-il d'une voix menaçante, allez-vous rester là jusqu'à demain? Détalons, et vite, ou sinon je lâche les dogues à vos trousses.

Dévorant ses pleurs, étouffant ses sanglots, la pauvre petite vierge descendit les marches du perron et s'achemina vers la grille; mais lorsqu'elle fut arrivée au milieu de l'avenue, ne se sentant pas le courage d'aller plus loin, elle se laissa tomber de honte et de désespoir au pied d'un mélèze, et là, ses larmes se prirent à couler avec abondance. Ce n'était pas seulement l'orgueil indigné qui se plaignait en elle; elle pensait surtout à la pénurie de son oncle, au surplus du vicaire, à la visite de Monseigneur, et la belle enfant pleurait son dernier espoir envolé.

Elle pleurait ainsi depuis près d'une heure, et déjà le soleil commençait d'allonger démesurément l'ombre des pins et des cyprès, lorsqu'elle entendit des aboiements retentir autour d'elle. Elle se leva toute effarée, pensant que c'étaient les dogues que venait de lâcher Robineau;

mais elle se rassura bientôt, en voyant de beaux chiens, doux et caressants, gambader autour d'elle et lui lécher les mains. Presqu'aussitôt elle aperçut un jeune homme en costume de chasse élégant et simple, qui s'avançait, le fusil sur l'épaule. Il était grand, mince, élancé. Une redingote à boutons de métal pressait sa taille presqu'aussi souple que celle de Catherine ; une casquette de velours noir ne cachait qu'à moitié ses cheveux blonds comme l'or des épis ; la distinction de ses traits et la blancheur de son visage révélaient suffisamment l'héritier d'une race aristocratique. Il salua la jeune fille avec politesse et respect ; puis, remarquant ses joues baignées de pleurs, il s'informa avec grâce de la cause d'un si grand chagrin.

— Voici ce que c'est, Monsieur, répondit Catherine en sanglotant et en essuyant ses yeux avec le coin de son tablier. Je suis la nièce du curé de Saint-Sylvain. Mon oncle est un excellent homme qui ne pense qu'à Dieu et aux pauvres, si bien qu'il n'est dans le hameau personne qui ne soit plus pauvre ni plus nécessiteux que lui. C'est, dans une semaine, la fête patronale de la commune, et nous avons reçu hier une lettre de l'évêché qui nous annonce précisément pour ce jour-là la visite pastorale de Monseigneur.

— C'est un grand honneur pour la commune, dit le jeune homme, et surtout pour monsieur votre oncle, qui, d'après ce que j'entends, m'en paraît digne à tous égards.

— Hélas! Monsieur, c'est un grand

embarras, dit Catherine avec désespoir. L'hiver a été bien rude; mon oncle a épuisé toutes ses ressources : son aube ne tient plus, sa soutane tombe de vétusté, et, pour comble de misère, son vicaire n'a pas un surplis présentable.

A ces mots, les sanglots de Catherine redoublèrent et ses larmes recommencèrent de couler.

— De grâce, calmez-vous, Mademoiselle, dit le jeune homme avec bonté. Je reconnais avec vous que monsieur votre oncle se trouve dans un cas fort embarrassant; mais peut-être qu'en cherchant bien, nous trouverions un moyen de le tirer de là.

— Il n'en est plus, Monsieur, dit Catherine en secouant la tête. Voici quelques heures, un dernier espoir me restait. En apprenant le retour du propriétaire de ce château, j'avais pensé que, puisqu'il s'agissait de sauver l'honneur de la paroisse, M. le comte des Songères ne refuserait peut-être pas de nous venir en aide. J'ai donc pris ce matin ma bourse de quêteuse et je suis partie sur Annette.

— Qu'est-ce qu'Annette? demanda le jeune homme.

— C'est la jument de mon oncle, Monsieur, une bien bonne bête qui n'a que le tort de flâner un peu trop le long des haies vives. Toujours est-il que je vais m'en retourner comme je suis venue, avec l'espérance de moins, car monsieur des Songères est absent, et son intendant m'a reçu si durement, que j'en suis encore tremblante, et que vous m'en voyez tout en larmes.

—Comment, Mademoiselle, demanda le jeune chasseur d'un ton sévère, M. Robineau ne vous a pas reçue avec les égards qui vous sont dus?

—Il m'a traitée de mendiante, répliqua la jeune fille en essuyant de nouveau ses yeux; il m'a dit de vilaines choses, et m'a menacée de lâcher ses dogues après moi. Je dois ajouter, Monsieur, que je ne suis pas habituée à de pareils traitements ; on est bon pour moi dans le pays, et je crois même qu'à cause de mon oncle, on m'aime généralement.

— J'en suis convaincu, Mademoiselle, dit le jeune homme en attachant sur la jolie créature un regard surpris et charmé; de votre côté, soyez persuadée que le comte des Songères ressentira aussi vivement que je la ressens moi-même, l'injure qui vous a été faite en sa maison. Maître Robineau est un vieux drôle à qui je vous promets de laver la tête. Quant au sujet de votre visite, rien n'est plus simple ni plus légitime. Il n'est pas juste d'ailleurs que vous n'ayez mis les pieds sur ces terres que pour y laisser l'espérance : c'est déjà trop des pleurs que vous y avez versées.

Ainsi parlant, il avait ouvert négligemment sa redingote, et tiré d'une poche de côté un petit portefeuille de velours incarnat, dans lequel il glissa deux doigts blancs et fins, tandis que Catherine, qui observait tous ses mouvements, sourian à travers ses larmes, et plus rouge qu'une cerise, tirait sa bourse de la poche de son tablier. Le jeune homme y déposa silencieusement son offrande et s'éloigna presque aussitôt, comme pour échapper aux remercîments de l'aimable quêteuse.

Catherine le suivit des yeux, ne doutant pas que ce ne fût quelque bon ange qui venait de lui apparaître en habit de chasse; puis, lorsqu'il eut disparu au tournant de l'allée, elle vida sa bourse dans le creux de sa petite main, où tombèrent cinq étoiles d'or. Qu'on juge de sa joie et de ses transports! Elle vit son oncle officiant en aube fraîche, le vicaire en surplis neuf, l'autel rajeûni, l'église parée comme une cathédrale, Marthe plumant une oie magnifique, et monseigneur s'asseyant à une table somptueusement servie.

A ce dernier tableau elle bondit d'allégresse et prit sa volée vers la grille, sans songer seulement à se demander quel était ce jeune homme qui venait de la faire riche et joyeuse, de triste et pauvre qu'elle était. Elle franchit d'un pas léger le seuil de la porte; mais vainement elle chercha Claude pour lui montrer son trésor, Claude n'était plus là, et Annette, tourmentée par les mouches, avait si bien entortillé sa bride autour du bouleau auquel elle était attachée, que Catherine, pour la dégager, se consumait depuis quelques instants en efforts impuissants, quand le jeune chasseur, qui avait rabattu de ce côté par hasard sans doute et sans y songer, lui vint encore une fois en aide. Il dénoua lentement la bride, tandis que Catherine, debout auprès de lui, examinait et remarquait enfin, sans doute par reconnaissance, la grâce et l'élégance de son mystérieux bienfaiteur. Annette rendue à la liberté, la petite fée voulut sauter d'un bond sur la bête, mais ayant glissé à deux reprises différentes, elle fut obligée, pour se mettre en selle, de poser son pied mignon sur la main blanche du jeune homme. Près de partir :

—Monsieur, lui dit-elle, que je sache du moins votre nom, pour que je le mette dans mes prières.

— Je m'appelle Roger, répondit l'étranger en la saluant d'un doux sourire.

—Roger, répéta Catherine ; c'est un joli nom, quoiqu'il ne soit pas dans le calendrier.

Et, disant adieu de la main, elle partit au trot d'Annette qui, exaltée par les mouches au-delà de toute expression, prit, en sans être priée, l'allure d'un petit vent.

Cependant, caché derrière une haie, Claude avait tout vu et tout observé. Il eut bientôt rejoint Catherine qui raconta ce qui s'était passé, et montra ses cinq pièces d'or.

— Ce sont des louis, dit Claude. C'est égal, ajouta-t-il en hochant la tête, rien ne m'ôterait de l'idée que cette journée nous portera malheur.

Ils firent ensemble le trajet de Bigny à Saint-Sylvain. Claude marchait auprès d'Annette, sombre, silencieux, le front baissé, tandis que Catherine, sans remarquer l'attitude pensive de son muet compagnon, jasait, riait, babillait et ne se lassait pas de raconter les détails de son aventure, y revenant sans cesse, ne tarissant point en éloges sur le jeune et bel inconnu, et ne voyant pas, la cruelle et naïve enfant, que chacune de ses paroles entrait comme la lame d'un couteau dans le cœur du malheureux Noirel.

— Tu ne dis rien, Claude, ajoutait-elle de temps en temps, en le réveillant d'un petit coup d'une branche de saule qu'elle tenait en guise de cravache.

— Je dis, répétait Claude, que tout ceci tournera mal et que cette journée ne nous rapportera rien de bon.

Et Catherine alors de partir d'un frais éclat de rire, et de faire sauter dans la fossette de sa main les cinq pièces d'or qui brillaient aux rayons du soleil couchant, comme la fleur des genêts sur les bords du chemin.

Lorsque nos deux pélerins arrivèrent à Saint-Sylvain il faisait depuis longtemps nuit close. On était dans une vive inquiétude sur le sort de la petite vierge, non seulement à la cure, mais encore dans tout le village. Aussi, quand on entendit le pas d'Annette, tout le monde se mit aux portes, et Catherine fit une entrée véritablement triomphale. Au presbytère, ce fut bien une autre fête ! François Paty, qui n'avait pas vu sa nièce de tout le jour, la pressa tendrement entre ses bras, et Marthe, qui l'avait crue perdue pour jamais, l'embrassa en pleurant comme une fontaine. Pour ménager une surprise à son oncle, Catherine lui cacha le résultat de sa quête, se réservant de ne l'en instruire que le jour même de la visite de l'évêque.

—Hélas! dit-elle en s'arrachant des bras du pasteur, je ne rapporte rien, mon oncle. — Mensonge innocent dont elle s'accusa plus tard au tribunal de la pénitence.

—Enfant, tu me rapportes la joie de mon cœur, s'écria le bon curé en l'attirant de nouveau sur son sein avec amour. Nous ferons des économies cet été, ajouta-t-il, et peut-être, l'année prochaine, pourrai-je, Dieu aidant, donner un surplis neuf à mon vicaire. Le fait est que le pauvre garçon en a grand besoin.

Le reste de la soirée, il ne fut question que de Robineau ; mais quand François Paty se fut retiré pour s'aller coucher, demeurée seule avec Marthe et les deux Noirel, la petite fée se prit à bondir comme un chevreau autour de sa nourrice et du marguillier, en leur montrant ses pièces d'or :

— Voyez ! voyez ! s'écria-t-elle ; en voici des aubes, et des surplis, et des soutanes !

Et encore une fois elle raconta son aventure avec le jeune homme.

— Il s'appelle Roger, dit-elle, et ce doit être un fils de roi.

L'entretien se prolongea bien avant dans la nuit.

Cette nuit-là, Catherine fit de doux rêves et Claude ne dormit pas.

III

ROGER.

Ce jeune et beau Roger, que la petite vierge, dans sa naïveté villageoise, avait pris tour à tour pour un bon ange et pour un fils de roi, était tout simplement le fils du comte des Songères. Né au château de Bigny, il n'était encore qu'un enfant quand son père quitta brusquement le pays ; voici pourquoi nul ne se souvenait de lui

sous ce coin de ciel qui l'avait vu naître.
On n'a jamais bien su pourquoi le comte
des Songères partit subitement après la
mort de sa femme, sans avoir pris seulement le temps de voir l'herbe du cimetière
pousser sur la tombe qui venait de se fermer. Le bruit courut alors que le comte
avait tué sa femme; le fait est que la jeune
comtesse mourut de tristesse et d'ennui.
C'était une blanche et frêle créature qu'on
vit en quelques années pâlir, décliner et
s'éteindre; l'amour maternel lui-même
ne put la rattacher à la vie. Le lendemain
des funérailles, par une journée d'hiver,
le comte partit, emmenant Roger et laissant derrière lui peu de regrets, comme
on l'a pu voir. Il était généralement haï,
à cause de son caractère dur, hautain,
impitoyable. Après avoir quelque temps

voyagé, se sentant peu porté vers la France, d'humeur bizarre, taciturne et sombre, il s'installa dans une petite ville d'Allemagne, où Roger acheva de grandir, et qui devint pour lui comme une seconde patrie, moins chère pourtant que la première, dont il avait emporté, quoiqu'enfant, un durable et pieux souvenir. Nature tendre et poétique, il s'éleva timidement comme une fleur maladive sous le joug inflexible qui avait brisé sa mère. Il avait dix-huit ans quand, folie ou raison, son père se remaria. Une sourde antipathie qui, pour être inavouée, n'en était ni moins réelle ni moins profonde, avait existé de tout temps entre le comte des Songères et son fils. Dès-lors cette antipathie éclata, non pas chez Roger que son père avait toujours tenu muet et tremblant sous une volonté de fer, mais chez le comte qui ne vit plus désormais dans ce jeune homme qu'une gêne et qu'un embarras. Ce jeune homme rappelait d'ailleurs toutes les grâces de sa mère, et le comte n'avait jamais supporté près de lui qu'avec une farouche impatience cette vivante image de l'angélique créature qu'il avait plongée au tombeau. Des enfants étant nés du second lit, la position devenait de moins en moins tenable, quand M. des Songères, sans expliquer ses vues et prenant prétexte d'un procès qui nécessitait sa présence à Paris, se décida tout d'un coup à retourner en France avec Roger. Il est très vrai que le comte pousuivait depuis plusieurs années un procès de famille qui remettait en question la meilleure partie de ses propriétés en pays marchois.

Arrivé à Bigny, il n'y resta que quelques jours et partit presqu'immédiatement pour la capitale, sans emmener son fils, qui demeura seul au logis, en compagnie de maître Robineau

En se retrouvant seul dans ce vieux manoir où il était né, où sa mère était morte, sur cette terre qu'après vingt ans d'absence il avait reconnue au parfum, au milieu de cette belle et poétique nature dont le vague souvenir l'avait accompagné partout ; en se voyant là, seul et libre, maître enfin de lui-même, Roger, n'étant plus comprimé par la présence de son père, sentit une vie nouvelle éclore en son sein. Il se fit en lui comme une de ces matinées de printemps, quand les bourgeons éclatent et que la sève, longtemps captive, monte et déborde de toutes parts sous les premiers baisers du soleil. Précisément on était alors en avril ; pour la première fois il mêla les chants de son être aux concerts de la création ; pour la première fois il aspira à pleins poumons l'air enivrant de la liberté. Cependant, ces premiers transports apaisés, il s'abandonna insensiblement et à son insu au secret penchant vers la rêverie qu'il tenait de sa mère d'abord, puis de l'Allemagne où il avait grandi, qu'avait développé l'isolement dans lequel s'étaient écoulées les premières années de sa jeunesse, et qu'achevèrent d'exalter le silence et la solitude des champs. Chaste et pur, étranger à la passion comme à toutes choses, il fut bientôt pris de cette ardente mélancolie qu'engendrent chez les jeunes âmes, les vagues aspirations et

l'inquiétude des sens qui s'éveillent. Il
ne savait rien de l'amour et n'aurait pu
s'expliquer à lui-même ce qui l'agitait et
le troublait ainsi ; mais il sentait en lui
comme une digue rompue et comme un
flot qui cherchait à s'épandre. On comprend que maître Robineau n'était guère
fait pour occuper ou pour détourner la
turbulente activité de ce cœur qui venait
enfin de s'ouvrir à la vie. Roger partait le
matin, aux premières blancheurs de
l'aube, escorté de ses chiens, le fusil sur
l'épaule, et ne rentrait le plus souvent que
le soir, à la tombée de la nuit; encore que
de fois la nuit le surprit-elle errant au
fonds des bois, ou bien assis sur le bord
de la Creuse, à la pâle clarté des étoiles !

Il était dans ces dispositions d'esprit,

lorsqu'un jour, en traversant le parc, il rencontra Catherine éplorée. Depuis plus d'un mois qu'il vivait solitaire au fond de ces pauvres campagnes, on pense bien que ce jeune homme n'avait rien vu ni rien rencontré qui pût être comparé à la petite fée ; je puis même affirmer qu'il n'avait rien rêvé de plus gracieux ni de plus charmant. Les larmes de la belle enfant le touchèrent ; sa gentillesse le frappa; sa naïveté le fit sourire. A la campagne, quand on est seul, tout est distraction, la fleur qui pousse, la feuille qui tombe, l'oiseau qui vole et la nuée qui passe. A ce compte, l'apparition de Catherine dût être dans l'existence de Roger quelque chose de solennel, un événement véritable ; toutefois il est vrai d'ajouter qu'après avoir tancé vertement maître Robineau, le jeune vicomte ne s'en préoccupa point davantage.

Le lendemain il partit au point du jour, non plus à pied, le fusil sur l'épaule, ainsi qu'il en avait l'habitude, mais à cheval, sur une petite bête du pays, qui, pour n'être pas un pur sang limousin, ne manquait pas cependant d'une certaine finesse ni même de quelque grâce. En la sellant lui-même, car tout le monde dormait encore au château, excepté les chiens qui bondissaient autour de leur jeune maître et les coqs qui réveillaient l'aurore paresseuse, Roger se rappela Annette, la nièce du curé, le surplis du vicaire, et il ne put s'empêcher de sourire. En traversant le parc au pas de sa monture, il reconnut la place où, la veille, il avait trouvé la petite fée toute en larmes ; à la grille, il reconnut le bouleau autour duquel Annette, tourmentée par les mouches, avait si bien entortillé sa bride. Il se rappela le petit pied qu'il avait tenu un instant dans sa main, il vit Catherine glissant le long des haies, et il sourit encore une fois.

Puis, il se demanda ce que c'était que Saint-Sylvain, car jamais sa rêverie ne l'avait poussé de ce côté, et quoique ce village ne fût qu'à cinq lieues de Bigny, cinq lieues de pays, il est vrai, de ces petites lieues qui ne finissent pas et qui font bien dix bonnes lieues de poste, Roger en ignorait la latitude, et, la veille encore, n'en soupçonnait même pas l'existence. Sans songer seulement à se rendre compte du charme qui l'attirait, il eut la fantaisie de visiter ce hameau dont le vicaire n'avait pas de surplis, mais dont le curé en revanche avait une si jolie nièce. Il prit donc le sentier le long duquel il avait, la veille, suivi des yeux Catherine ; mais arrivé à un carrefour où quatre chemins aboutissaient, après avoir cherché vainement autour de lui quelqu'un qui pût le renseigner, Roger fut obligé de lâcher la bride et de laisser aller son cheval au hasard et à l'aventure.

— Le chemin de Saint-Sylvain ? demanda-t-il d'une voix douce et avec politesse à une vieille femme qui filait sa quenouille, assise sur le revers d'un fossé, qu'abritait un buisson d'aubépine, tandis que ses moutons paissaient autour d'elle sous la garde d'un chien vigilant.

—Le chemin de Saint-Sylvain, répéta la bonne femme en regardant Roger d'un air demi naïf et demi railleur; allez, allez, mon gentil Monsieur, vous le connaissez mieux que moi, le chemin qui mène à Saint-Sylvain.

Vainement Roger insista, affirmant qu'il était étranger et ne connaissait pas le pays; convaincue qu'il se moquait et n'imaginant pas d'ailleurs qu'on pût ne pas savoir le chemin d'un bourg si important et qui a joué un si grand rôle dans l'histoire, la paysanne, à toutes les questions de Roger, se contenta de branler la tête, et le jeune homme dut continuer d'aller au hasard à travers l'océan de verdure qui l'enveloppait de toutes parts. A quelque temps de là :

— Mon brave homme, le chemin de Saint-Sylvain ? demanda-t-il en s'adressant avec une cordiale familiarité à un laboureur qui s'était arrêté sur le bord d'un sillon pour le regarder passer.

— Le chemin de Saint-Sylvain? répéta le paysan d'un ton gouailleur. Allez, allez, mon beau Monsieur, je voudrais connaître la route du paradis aussi bien que vous le connaissez, le chemin de Saint-Sylvain.

Et là-dessus il piqua ses bœufs et tourna le dos à Roger.

Le jeune vicomte allait ainsi depuis plusieurs heures à la recherche de Saint-Sylvain, s'informant à tous les passants et recevant de tous le même accueil, le même compliment et la même réponse, quand tout d'un coup, du haut d'une éminence où il s'était arrêté pour essayer de s'orienter, il aperçut au loin un clocher noir et pointu qui perçait le feuillage, et quelques filets de fumée bleuâtre qui s'élevaient à l'entour, au-dessus des cerisiers, des pommiers et des poiriers en fleurs ; la Creuse coulait au bas sous un berceau d'aulnes et de trembles, et de l'endroit où se tenait Roger, on entendait le frais gazouillement des belles ondes qui babillaient avec les cailloux blancs de leur lit.

Roger eut comme un pressentiment qu'il tenait enfin Saint-Sylvain et que c'était sous ces ombrages que la nièce du curé avait fait son nid. Il piqua des deux, fit siffler sa cravache et s'enfonça gaîment dans un sentier couvert qui devait le conduire au village. Il venait, lui aussi, sans autre révélation que celle du génie, de découvrir son Amérique.

En un temps de galop rapide il eut franchi la distance qui le séparait du hameau, et déjà il apercevait les toits de chaume et l'église rustique, lorsqu'il rencontra Claude Noirel qui flânait là par aventure, le nez en l'air et les mains dans ses poches.

— Mon ami, demanda-t-il au fils du marguillier qui l'avait reconnu du plus loin qu'il l'avait vu venir, ayez la bonté de m'apprendre si le village que voici est bien Saint-Sylvain, comme je le suppose. Quoique né dans ce pays, j'y suis à peu près étranger.

Claude regarda Roger d'un air sournois, et sentit une vive démangeaison de lui tordre le cou. Il se contint pourtant, et se tira de là, non sans esprit, tant il est vrai qu'il n'est pas d'oison dont l'amour au besoin ne puisse faire un aigle.

— Saint-Sylvain ! s'écria-t-il tout d'un coup en détonnant comme s'il était au lutrin ; eh ! Monsieur vous lui tournez le dos, à Saint-Sylvain ! Quelle idée vous a pris de venir chercher Saint-Sylvain à la Hachère ! c'est comme si vous cherchiez l'est à l'ouest et le nord au midi.

— Ainsi, demanda Roger avec un

mouvement d'humeur et d'impatience, je suis ici au village de la Hachère ?

— A preuve, ajouta Claude, que voici l'église et la maison de monsieur le curé.

—Eh bien ! s'écria Roger, qui se sentait en vif appétit, je déjeunerai à la Hachère. Dites-moi, l'ami, y a-t-il de quoi manger, ici ?

—Eh ! mon cher Monsieur, vous ne trouveriez pas seulement, dans tout le village, un verre de cidre et une galette de blé noir ; vous offririez un écu de six livres pour un morceau de miche blanche, que vous ne l'y trouveriez pas. L'hiver nous a ruinés, mon cher Monsieur ; nous ne sommes plus ici qu'un tas de gueux et de crève-de-faim.

— Comment ! demanda Roger, il n'est

personne ici qui puisse me donner une jatte de lait et une tranche de pain bis ?

— Du lait ! s'écria Claude ; eh ! mon bon Monsieur, où le prendriez-vous, s'il ne nous reste plus une vache? Toutes nos bêtes sont mortes de froid; vous n'en verriez pas seulement dans tout le hameau la queue d'une. D'ailleurs, regardez-moi, Monsieur, ajouta-t-il d'un air piteux : vous pouvez juger, d'après ma personne, de quelle façon on se nourrit dans notre endroit. Voici plus de six semaines que je n'ai enfourné dans mon pauvre corps que des croûtes de pain bis moisi et barbu comme un capucin.

— Il est certain, mon pauvre garçon, dit le jeune vicomte en glissant deux doigts dans la poche de son gilet, il est certain que l'embonpoint ne vous gêne pas. Tenez, prenez ceci, ajouta-t-il en lui donnant une pièce blanche, et veuillez m'indiquer la route de Saint-Sylvain.

— Tout droit derrière vous, dit Claude en prenant la pièce d'argent qu'il alla porter quelques instants après à l'église, dans le tronc des pauvres de la commune. Maintenant, tout droit devant vous, ajouta-t-il après avoir fait tourner bride à Roger ; tout droit, toujours tout droit, sans vous laisser enjôler par les petits sentiers qui vous feront les doux yeux de ci et de là, le long du chemin. Au bout de deux petites heures, vous rencontrerez un moulin à vent, puis plus loin un gros chêne qui tient dans ses branches une sainte Vierge avec son petit enfant Jésus. Vous irez encore toujours tout droit, toujours tout droit, jusqu'à ce que vous découvriez Saint-Sylvain. C'est là, mon cher Monsieur, que vous en trouverez, du lait fumant, des poulets rôtis et de la miche blanche.

Tout ceci avait été dit d'un air si naïf, si bête et si parfaitement honnête, qu'il ne vint même pas à l'idée de Roger de suspecter la véracité du *cicérone* villageois. Il remercia Claude et partit au galop, pressé par la faim, et singulièrement alléché par la perspective que le fils du marguillier venait de lui faire entrevoir. Pardonnez-moi, mes jeunes et aimables lectrices ! belles rêveuses, blanches héroïnes, pardonnez aussi à ce misérable glouton que je n'ai pas craint de vous représenter tout à l'heure comme un poétique rêveur, et qui, levé dès l'aube naissante et n'ayant rien pris depuis la veille, éprouva, sur le coup de midi, le lâche besoin de se mettre une tranche de n'importe quoi sous la dent. Le fait est qu'il avait l'estomac plus vide et plus creux que certaines têtes de ma connaissance, et qu'en ce moment l'image de notre petite amie était bien à coup sûr ce qui le préoccupait le moins. Il avait d'abord lancé son cheval au triple galop ; mais, sous peine de se rompre les os, il dut bientôt ralentir sa course, ayant remarqué, au bout de quelques temps, que le sentier qu'il suivait était coupé, de dix pas en dix pas, d'ornières larges et profondes. C'était, à vrai dire, une route infâme; à chaque instant le cheval aux abois refusait d'avancer ou s'enfonçait dans la vase jusqu'au poitrail. Le jeune homme commençait à penser qu'on s'était joué de lui, lorsqu'il découvrit le moulin à vent dont avait parlé Claude. La vue de ce moulin éclopé lui rendit confiance et courage, d'autant mieux qu'à partir de là le chemin fit mine de vouloir devenir moins pittoresque et plus praticable. Une heure après, comme il commençait à désespérer de nouveau, Roger reconnut le gros chêne que Claude lui avait indiqué. Encore une fois il reprit courage et confiance, et bref, après cinq heures de marche, épuisé, affamé et n'en pouvant plus, il entra peu triomphalement dans un misérable hameau, composé de sept à huit repaires d'humains, élevés avec de la boue et honteusement accroupis dans la fange. Toutes les portes étaient fermées, et quelques pourceaux épars çà et là égayaient seuls cette Arcadie.

— Il est impossible, pensa Roger, que ce soit là le village de Saint-Sylvain, et il se préparait à passer outre, lorsqu'il aperçut une petite fille vêtue d'une robe en guenille et dont les jambes et les pieds nus, d'une forme vraiment charmante, ne rappelaient pas toutefois la blancheur du marbre de Paros.

— Dis-moi, mon enfant, s'écria le jeune homme, est-ce que je suis ici à Saint-Sylvain ?

— Saint-Sylvain ! répliqua la petite

fille en ouvrant de grands yeux noirs ; eh! mon joli monsieur vous y tournez le dos.

— Où suis-je donc ici? demanda Roger.

— Mon joli monsieur vous êtes à la Hachère..

— A la Hachère ! s'écria le jeune vicomte qui pensa rêver.

— Oui, mon joli monsieur, ajouta la petite fille en allongeant un coup de gaule à l'un de ses porcs.

— Ah ! ça, s'écria Roger exaspéré, il y a donc deux villages du nom de la Hachère, dans ce pays du diable ?

— Non, mon joli monsieur, répondit tranquillement la petite ; il n'y en a qu'un, aussi vrai qu'il n'y a qu'un bon Dieu dans le ciel.

— Et je suis à la Hachère ?

— Oui, mon joli monsieur.

— Et pour aller à Saint-Sylvain ?...

— Tout droit derrière vous, mon joli monsieur, toujours tout droit, vous ne pouvez pas vous tromper. Vous rencontrerez d'abord un gros chêne où l'on voit la sainte Vierge avec son petit enfant Jésus, puis un moulin à vent, puis vous irez encore tout droit jusqu'à ce que vous découvriez Saint-Sylvain.

— Allons, décidément, je suis joué, se dit Roger qui en aurait ri de bon cœur, n'eût été le formidable appétit qu'il entendait gronder comme un abîme ouvert dans son sein. Dis-moi, ma belle enfant, demanda-t-il encore, est-ce qu'on mange à la Hachère ?

— Dam ! mon joli monsieur, on mange des pommes de terre quand nos cochons en ont de trop.

— Comment! ma pauvre enfant, dit Roger qui s'effaça complètement en présence de tant de misère, tu ne manges que quand tes pourceaux sont repus?

— Dam! mon joli monsieur, on les engraisse pour les vendre; moi qu'on ne vend pas, pourquoi m'engraisserait-on?

— Pauvre petite! dit d'une voix émue Roger qui oubliait sa faim.

Et il tira de sa poche quelque menue monnaie, car il avait une bonté vraie et n'était pas de ces gens qui se croient dispensés de faire le bien, parce qu'ils ont été dupes une fois.

— Merci, mon joli monsieur, dit la petite fille en examinant une à une les piècettes que Roger venait de lui mettre dans la main ; je garderai ça avec l'argent que me donne la petite vierge tous les dimanches; ça me servira de dot quand je me marierai, et, plus heureux que leur mère, mes enfants auront un berceau.

— Qu'est-ce que la petite vierge? demanda Roger.

— Vous n'êtes donc pas du pays, mon joli monsieur, que vous ne connaissez pas mademoiselle Catherine ? ou bien ça prouve que vous êtes riche et que vous n'avez besoin de rien.

— Et qu'est-ce que mademoiselle Catherine? demanda Roger qui, sans savoir pourquoi, prenait goût à cet entretien.

— C'est bien la vraie fille du bon Dieu, répondit la petite en laissant tomber sa gaule et en croisant pieusement ses deux mains; c'est elle qui console le pauvre monde, visite les malades, soutient les faibles, a de bonnes paroles pour tous, et sert d'appui aux malheureuses petites abandonnées comme moi, qui n'ont connu ni père ni mère. Il y en a dans le pays qui l'appellent la petite fée, mais moi j'aime mieux l'appeler la petite vierge. Mon joli monsieur, pour peu que vous ayez parcouru les environs, vous devez l'avoir rencontrée sur sa jument grise.

— Sa jument grise! s'écria le jeune homme. N'est-ce pas Annette qu'on la nomme?

— Oui, mon joli monsieur, aussi vrai qu'on me nomme Paquerette dans le pays.

— Et cette petite vierge est la nièce.....

— Du curé de Saint-Sylvain, oui, mon joli monsieur, ajouta Paquerette qui avait repris sa gaule ; vous êtes bien mignons tous deux, et m'est avis que si vous vous mariez jamais ensemble, ça fera un gentil ménage.

Et cela dit, la petite s'éloigna en chassant devant elle son troupeau immonde.

Il y avait loin du hameau de La Hachère au château de Bigny. Roger ne rentra au gîte qu'assez avant dans la nuit : en quel état ? il est aisé de l'imaginer : plus préoccupé de Catherine qu'il ne l'était le matin en partant, furieux du piège auquel il s'était laissé choir, irrité par l'obstacle, se promettant de prendre Saint-Sylvain d'assaut, fatigué, harassé, songeant malgré lui à la petite vierge, par-dessus tout à demi-mort de faim. Il soupa, s'alla coucher, et le lendemain, en se réveillant, se prit à rire franchement au souvenir de ses aventures. Toutefois, en bon gentilhomme, le jeune vicomte ne voulut pas qu'il fût dit que Saint-Sylvain l'avait obligé à lever le siège.

Il partit donc à quelques jours de là, bien renseigné et sûr de sa route; il eut même la précaution de se faire accompagner par maître Robineau jusqu'à mi-chemin. Cette fois, Claude ne veillait pas à l'entrée du village, comme le dragon à la porte du jardin des Hespérides. L'ennemi entra dans la place sans coup férir; mais loin d'y trouver ce qu'il cherchait, il n'aperçut que quelques petits drôles jouant çà et là, quelques paysannes assises sur le pas de leur porte et allaitant leurs enfants au soleil. Roger s'arrêta devant la maison du curé, qu'il devina sur sa magnifique apparence. Il contempla surtout une fenêtre encadrée de plantes grimpantes et d'un aspect gracieux, poétique et charmant. Il se dit que ce devait être la chambre de la petite vierge. Il attendit quelques instants dans l'espoir que cette croisée s'ouvrirait ; mais la croisée ne s'ouvrit pas, et le jeune cavalier, autour de qui les drôles du village commençaient à s'attrouper, dut s'éloigner de guerre lasse. Il avait mis pied à terre et donné son cheval à garder à l'un des polissons du bourg. Il entra dans l'église ; l'église était déserte et le soleil brillait doucement à travers les stores abaissés. Tout s'y ressentait d'une excessive pauvreté, mais aussi d'une piété ingénieuse, d'un goût exquis et d'un arrangement harmonieux. Les marches de l'autel étaient jonchées de fleurs des champs qui mêlaient leurs suaves parfums à ce parfum grave et recueilli qu'on respire dans les maisons de Dieu. S'étant approché de l'unique tableau qui représentait la Vierge Marie, Roger reconnut qu'en effet Catherine ressemblait à ce doux portrait, d'une exécution peu habile, mais d'un sentiment naïf. Cependant, en se recueillant, ce jeune homme se rappela qu'enfant, il était venu dans cette église plus d'une fois avec sa mère. A ce souvenir, il s'agenouilla sur la dalle, et, lorsqu'il se releva, ses joues étaient mouillées de pleurs.

IV

NOUVEAUX EMBARRAS.

Cependant on touchait à la Saint-Sylvain, et François Paty, qui était à cent lieues de soupçonner la surprise qu'on lui ménageait, n'était pas sans quelque inquiétude à l'approche de ce grand jour. Ce n'est pas qu'il se préoccupât beaucoup de son aube en guenilles, de sa soutane criblée de reprises, non plus que de la réception qu'il allait faire à Monseigneur. Il était en ceci, comme en toutes choses, d'une philosophie adorablement chrétienne, et pensait qu'aux yeux d'un évêque comme aux yeux de Dieu, un cœur pur et fervent vaut bien, à tout prendre, une aube fraîche et une soutane neuve. Mais ce qui le préoccupait et le navrait au-delà de toute expression, c'était le désespoir de son vicaire qui, plus jeune et moins résigné, demandait à grands cris un surplis de rechange. Depuis qu'il était prévenu de la visite du prélat, le pauvre garçon ne dormait plus, et chaque jour il trempait de ses larmes son surplis fait de pièces et de morceaux. A l'idée de paraître ainsi devant un prince de l'église, il perdait complètement la tête, et François Paty s'efforçait vainement de le consoler.

— Allons, allons, mon bon ami, disait le vieux curé en lui prenant les mains avec une affection paternelle, songez qu'il n'est pas une pièce de votre surplis, pas une reprise de mon aube et de ma soutane, qui ne représentent quelque misère soulagée, un petit écu dans la poche d'un infortuné, une tourte de pain dans la besace d'un mendiant. Songez que nos guenilles sont agréables au Seigneur. Tenez, permettez-moi de vous faire une comparaison. Quand les soldats reviennent de la bataille, c'est une gloire pour eux de paraître devant leur général avec des vêtements déchirés, percés de balles, noircis et brûlés par la poudre. Pensez-vous qu'il serait bien venu de son chef, celui qui, sortant du combat, se montrerait à lui, en habit de parade, tiré à quatre épingles comme s'il sortait d'une boîte ? Son chef le mettrait aux arrêts, et il aurait grandement raison; tandis que, tout au rebours, il louerait fort ceux-là qu'il verrait en désordre, car il en conclurait naturellement qu'ils ont fait vaillamment leur devoir au plus chaud de la mêlée. Eh bien! nous sommes aussi des soldats, nous autres, de pauvres soldats de la foi, combattant sans cesse, chaque jour, à toute heure, et ne quittant jamais la brèche. Près de paraître devant notre chef, soyons donc fiers, au lieu d'en rougir, de notre pauvreté, et montrons avec un pieux orgueil nos soutanes et nos surplis qui témoignent que, nous aussi, nous avons fait notre humble devoir. De même que c'est l'honneur d'une armée qu'un drapeau troué par la mitraille, de même c'est l'honneur d'une église qu'un surplis en loques et une soutane en lambeaux.

Ainsi parlait François Paty avec une conviction profonde ; mais il voyait bien que son vicaire ne mordait pas à ces belles raisons, et il souffrait véritablement de ne lui pouvoir donner un surplis. D'une autre part, Marthe et Catherine étaient retombées dans les embarras d'où l'on aurait pu croire que la générosité de Roger les avait tirées. Voici comment : Le surlendemain de sa visite au château de Bigny, la petite vierge était allée, en compagnie de Claude, faire ses emplettes à la ville voisine. Elle se figurait sans doute que ses cinq pièces d'or étaient une mine inépuisable dont elle ne verrait jamais la fin, car elle commanda du même coup et sans y regarder, une aube et une soutane pour son oncle, un magnifique surplis pour le vicaire, des vêtements pour les cinq gars de la veuve Lucas, une robe d'enfant de chœur pour le petit Jean, et un habillement complet pour Paquerette, sa petite protégée de la Hachère. Par la même occasion, elle acheta une croix d'or pour Marthe et une superbe épingle de chrysocale qu'elle attacha elle-même de ses petits doigts blancs à la chemise de son ami Claude. Tous deux s'en revinrent joyeux au village ; mais le compte une fois réglé, force fut de reconnaître que Catherine avait dépensé ses cent francs à peu de chose près, et qu'il en restait à peine dix pour le repas de Monseigneur. Ce fut encore bien une autre affaire, lorsqu'on apprit que tous les desservants des paroisses environnantes s'étaient donné rendez-vous à la cure de François Paty pour le jour de la Saint-Sylvain. L'avant-veille de ce jour terrible et solennel, le curé, son vicaire, Marthe, Catherine et les deux Noirel étaient réunis dans la salle du presbytère, et l'on calculait avec épouvante qu'il ne s'agissait pour le surlendemain de rien moins que d'une table de trente couverts, sans compter le cocher, le laquais et les chevaux de Monseigneur.

— Il n'y a pas à dire, s'écria Marthe, le poulailler est vide, et vide le cellier.

— Nous n'avons même pas un couvert d'argent pour Monseigneur, ajouta François Paty ; j'ai vendu cet hiver le seul qui me restât, pour payer les contributions du père Radigois que les huissiers menaçaient de saisir.

— Tout cela ne serait rien, murmura le vicaire, si j'avais seulement un surplus présentable.

— Voyons, monsieur Noirel, dit Marthe tout d'un coup en se tournant d'un air résolu vers le maître d'école : vous êtes intéressé autant que personne à ce que l'honneur de la cure soit sauvé. Vous êtes marguillier, vous chantez au lutrin, et, sans reproche, depuis plus de vingt ans que vous êtes l'ami de céans, vous avez mangé plus souvent de notre soupe que nous n'avons goûté de la vôtre ; nous en sommes encore à savoir de quel bois vous vous chauffez, et si l'on sert à votre table la salade avant le rôti. Faites-nous voir une bonne fois que vous êtes moins ladre qu'on ne le dit dans le pays. Vous avez des écus, montrez-les.

— Moi, des écus! s'écria M. Noirel en frémissant des pieds à la tête : eh! ma chère amie; où voulez-vous que je les prenne?

— Dans votre paillasse, dit Claude d'une voix de Stentor et d'un air impassible.

— Te tairas-tu, malheureux! s'écria le marguillier en lâchant un coup de pied dans les jambes de son indiscrète progéniture. Moi, des écus! répéta-t-il, c'est à peine si j'en connais le son, la forme et la couleur. Je ne suis qu'un pauvre maître d'école; l'éducation de mon fils m'a ruiné. S'il tombe l'an prochain à la conscription, je n'aurai pas de quoi lui acheter un homme ; si je mourais d'un instant à l'autre, mon digne ami M. Paty serait obligé de m'enterrer pour rien.

— Vous avez des écus, papa, vous en avez, dit Claude en mettant ses jambes hors de la portée des sabots paternels ; vous vous levez la nuit pour les compter.

— Allons, monsieur Noirel, un bon mouvement, ajouta Marthe ; videz votre paillasse, vous n'en serez pas plus mal couché pour cela.

— Mes amis, mes bons amis, s'écria le marguillier aux abois, ne croyez pas ce que vous dit ce misérable Claude ; je n'ai pas le sou, je suis gueux comme un rat. Fouillez ma paillasse ; je consens à perdre ma place dans le paradis, si vous y trouvez autre chose que de la paille et des souris.

Marthe allait répliquer, mais François Paty l'interrompit d'un air sévère.

— Assez, Marthe, assez, dit-il; je suis convaincu que s'il pouvait nous en tirer, notre digne ami M. Noirel ne nous laisserait pas dans la peine. Je ne vois que Dieu qui puisse nous prendre en pitié. Prions-le de renouveler pour nous le miracle des noces de Cana, et, en attendant, aidons-nous pour que le ciel nous vienne en aide. Claude ira jeter ses filets dans la Creuse.....

— Il n'y pêchera pas des surplis, murmura tristement le vicaire.

— C'est un garçon adroit qui nous rapportera, au bout de quelques heures, un bon plat de tanches et de truites saumonées. Catherine fera des beignets, Marthe des crêpes et des galettes de blé noir. Vous, mon cher Noirel, vous tâcherez de vous procurer quelques flacons de vieux vin, et moi, demain, après le prône, je me permettrai, pour la première fois, de faire un appel à la bienfaisance et à la charité de mes ouailles. Ce sont toutes de bonnes âmes, et nous aurons bien du malheur si Marthe ne voit pas arriver, le soir même, du beurre frais, des œufs, de la crême, avec quelques paires de canards et de poulets.

— Et mon surplis, monsieur le curé ? demanda le vicaire en soupirant.

— Dam ! mon pauvre ami, répliqua

François Paty, priez Dieu avec ferveur, peut-être enverra-t-il un de ses anges déposer un surplis neuf à votre chevet. Cependant montrez le vieux à Catherine, et voyez ensemble si l'aiguille de la petite fée n'y peut rien.

— Hélas! Monsieur, dit le vicaire, mademoiselle Catherine, qui l'a examiné du haut en bas, assure qu'il lui serait plus facile de faire des reprises dans une toile d'araignée.

— Eh bien! mon bon ami, répondit François Paty avec un doux sourire, c'est absolument comme mon aube et ma soutane.

Le lendemain, veille de la Saint-Sylvain, était un dimanche. Or, tous les dimanches, après vêpres, François Paty avait l'habitude de monter en chaire pour faire un sermon. Ce n'étaient jamais ni de grandes phrases ni de bien longs discours. Le bon curé n'avait point de prétention à l'éloquence et ne se croyait ni un Bossuet ni un Massillon. Ses sermons n'étaient, à proprement parler, que des allocutions touchantes, des conseils familiers, de pieuses exhortations. Il se mettait sans efforts à la portée des braves gens qui l'écoutaient, leur parlait de Dieu simplement, avec bonté de leurs travaux et de leurs misères, et ne se retirait jamais sans les laisser consolés et meilleurs. Cette fois il leur tint ce langage :

« Mes chers enfants,

« C'est demain notre fête à tous, puisque c'est la fête du patron de notre village. Aucun de vous n'ignore sans doute le nouvel éclat que doit ajouter à ce beau jour la visite pastorale de l'évêque de ce diocèse. Oui, mes enfants, Monseigneur nous fait la grâce de venir passer demain quelques heures au milieu de nous. Il ne faut pas vous dissimuler que vous allez voir ici, dans cette humble église, l'image visible du Dieu bon qui fait mûrir tous les ans vos foins, vos blés et vos colzas. Préparons-nous donc à le recevoir comme nous recevrions Dieu lui-même s'il descendait dans ce hameau. Vous êtes pauvres, mais vous possédez dans votre pauvreté les seuls présents que l'Éternel reçoive avec amour : un cœur honnête et pieux, une âme religieuse et simple. Monseigneur n'en demandera pas davantage. Cependant je dois vous avouer, mes chers enfants, que je me trouve dans un grand embarras. Vous savez que je n'ai que huit cents francs d'appointements ; c'est là ce qui explique, mes bons amis, le peu de bien que je fais sur la terre. En ce moment, je suis plus nécessiteux qu'aucun de vous ; la maladie de Lucas m'a ruiné. Vous comprenez pourtant que je ne puis pas me dispenser d'offrir à Monseigneur une petite collation, à laquelle se sont invités déjà tous les desservants des communes environnantes. Vous verrez arriver demain, des quatre points de l'horizon, plus de vingt curés et vicaires, qui ne seront pas fâchés, après le service divin, de s'asseoir autour d'une table modeste, mais toutefois suffisamment garnie. Eh bien !

mes enfants, je n'ai rien ; le presbytère est à cette heure la plus pauvre maison du bourg, et si vous ne venez en aide à votre vieux pasteur, Monseigneur et tous les desservants des communes voisines courent grand risque de s'en retourner à peu près à jeun. La sainteté de ce lieu ne me permettant pas d'entrer dans de plus amples détails, c'est à vous de comprendre et de voir ce que vous pouvez faire en cette circonstance, autant pour votre propre gloire que pour l'honneur de votre vieil ami. »

A ces mots, un murmure flatteur courut dans l'assemblée, et François Paty ne douta plus du succès de son petit discours. En effet, quelques heures après on vit arriver à la cure une effroyable quantité de fromages, de tranches de lard, de pains de beurre et de pots de crême; mais vainement Marthe chercha parmi tous ces présents le bec d'un poulet et la queue d'un canard. Une épizootie, qui avait frappé impitoyablement sur les volatiles, venait de dévaster toutes les basses-cours du pays, et le père Radigois, qui s'était empressé d'apporter son offrande, déclara qu'il ne restait pas à trois lieues à la ronde une oie vivante, ni canards ou poulets sur pattes. Dans la soirée, le marguillier se présenta l'oreille basse, sans avoir pu mettre la main sur un flacon de vin quelconque. Enfin ce fut le tour de Claude, qui entra dans la salle du presbytère, mouillé jusqu'aux os et son épervier sur l'épaule.

— Dieu soit loué! s'écria Marthe, nous aurons du moins un beau plat de friture.

— Le voici, dit Claude en tirant de sa poche une ablette et deux goujons qu'il montra d'un air piteux.

Ce fut, on peut le croire, une consternation générale. François Paty, malgré son insouciance, commençait à comprendre la gravité de la situation. Maître Noirel souffrait visiblement dans son amour-propre de marguillier et de chantre au lutrin; il se livrait en lui des combats acharnés entre son orgueil et son avarice. Marthe était aux champs. Catherine ne soufflait mot et pleurait dans son coin, muette et confuse d'avoir si étourdiment épuisé ses ressources. Claude avait une attitude mélodramatique qui tenait à la fois du niais et du tyran. Selon son habitude, François Paty se retira le premier, l'air triste cette fois et préoccupé, ce que voyant, Marthe et Catherine se prirent à pleurer de plus belle, car cela leur fendait le cœur de savoir cet excellent homme dans la peine. Quand il ne fut plus là :

— Monsieur Noirel, s'écria Marthe, laissez-vous toucher.

— Mon bon monsieur Noirel, ajouta la petite fée d'un air câlin, en lui passant ses mains sous le menton, mon bon monsieur Noirel, ayez pitié de nos embarras.

— Vous avez des écus, papa ; vous en avez, dit Claude.

— Vous ne trouverez jamais, dit Marthe, une plus belle occasion de leur faire prendre l'air.

— Ce bon monsieur Noirel! comme il est gentil! reprit Catherine en le cajolant.

— Videz votre paillasse, papa; videz votre paillasse, dit Claude.

— Attendez-vous, ajouta Marthe, que vos écus y fassent des petits?

— Voyez qu'il est mignon! dit Catherine en lui donnant de petits coups de sa main sur les joues.

— Cet excellent monsieur Noirel! je savais bien, moi, s'écria Marthe, qu'il finirait par se laisser attendrir.

— Il est si bon! dit Catherine.

— Si généreux! ajouta Marthe.

— Il aime tant mon oncle!

— Il est si attaché à monsieur le curé!

— C'est la perle des marguilliers!

— C'est la fleur des chantres au lutrin !

— Allez, allez, poussez ! s'écria Claude ; je vous répète que papa a plus d'écus qu'il n'en faudrait pour paver les rues de Saint-Sylvain.

— Mais, pendard, où les aurais-je pris, ces écus ? s'écria le maître d'école en se tordant les bras de désespoir. Ma bonne Marthe, ma chère Catherine, demandez ma vie, prenez ma tête, faites de moi tout ce que vous voudrez : servez-moi en daube, mettez-moi à la broche, mangez-moi en salade, à l'huile et au vinaigre ; mais des écus !.... c'est comme si vous cherchiez des diamants dans la poche de ce gueux de Claude.

Cependant Marthe et Catherine le câlinaient, le cajolaient, le dorlotaient, le bichonnaient. L'une lui tapait dans le dos, l'autre lui caressait les babines. Ce n'était que ce bon monsieur Noirel par-ci, cet excellent monsieur Noirel par-là, tandis que Claude tournait autour du groupe, en chantant sur un air bien connu :

> Papa Noirel a des écus
> Qui ne lui coûtent guère ;
> Il en a, je les ai vus... etc., etc.

Harcelé, enveloppé de toutes parts, le marguillier paraissait près de se rendre, et peut-être allait-il lâcher quelques pièces blanches, lorsqu'on entendit tout d'un coup le pas d'un cheval qui s'arrêta devant la porte de la cure. Catherine courut à une fenêtre ouverte, et, avançant sa brune et jolie tête, elle aperçut un paysan qui se tenait debout près d'un bidet chargé de sacoches. La petite vierge ne fit qu'un bond de la salle à la porte du presbytère.

— Est-ce vous, demanda le paysan, qu'on appelle mademoiselle Catherine, et qui êtes la nièce du curé de Saint-Sylvain ?

— Oui, mon ami, dit la belle enfant rouge déjà d'émotion et de plaisir ; qu'y a-t-il pour votre service ?

— Voici ce qu'on m'a chargé de vous remettre, répondit le paysan en déposant à terre les énormes sacs qui pendaient sur les flancs de la bête ; puis il tira de sa poche une lettre que Catherine prit d'une main tremblante. — C'est de la part de M. Roger, ajouta-t-il, et, sans plus attendre, il enfourcha le bidet qui partit au trot, avant que Catherine eût le temps d'adresser une question et d'exprimer un remerciement.

C'était la première lettre que recevait à son adresse la petite vierge. Elle resta quelques instants à la tourner entre ses doigts, à considérer le cachet armorié, et à examiner, d'un regard curieux et charmé, la suscription tracée en caractères élégants sur un papier fin et satiné. Bref, elle se décida à déchirer l'enveloppe, et tout d'abord il s'en échappa un doux parfum dont Catherine se sentit aussitôt pénétrée. Elle déplia lentement le double feuillet et lut les lignes que voici :

« Mademoiselle,

« Depuis que j'ai eu l'honneur de vous

rencontrer dans le parc du château de Bigny, il m'est revenu, autant sur votre compte que sur celui du curé de Saint-Sylvain, tant de bonnes et charmantes choses, que je suis tout honteux et confus de la modicité de l'offrande que vous avez daigné accepter. Je pense à la soutane de monsieur votre oncle, au surplis de son vicaire, à la réception de monseigneur, et je me demande comment, avec une si faible somme, vous pourrez subvenir à tant de dépenses et parer à de si grands embarras. Permettez-moi donc, Mademoiselle, de mettre à votre disposition quelques objets qui ne vous seront peut-être pas tout-à-fait inutiles dans la solennité qui se prépare. En ne me refusant point, vous m'associerez, pour ainsi dire, à vos bonnes œuvres, et c'est moi, Mademoiselle, qui resterai votre obligé,

« Roger. »

Debout sur le pas de la porte, Catherine se préparait à relire pour la quatrième fois cette lettre, lorsqu'elle fut tirée brusquement du charme qui l'enveloppait, par les exclamations d'une joie bruyante et sauvage. Elle se retourna et vit Marthe, Claude et son père, occupés, dans la salle, à vider les deux sacs que le messager avait déposés sur le seuil. La figure de Marthe rayonnait, celle du marguillier resplendissait; Claude dansait autour des deux sacs, comme un cannibale autour des victimes qu'il se prépare à dévorer.

— Une oie! deux oies! trois oies!

criait Marthe en tirant en effet du sac où elle plongeait son bras jusqu'au coude, trois belles oies, blanches comme des cygnes.

— Deux services de toile damassée ! criait de son côté le marguillier en train de fouiller l'autre sac.

— Bonté divine ! un quartier de chevreuil ! disait Marthe, près de se trouver mal.

— Justice céleste ! disait maître Noirel, deux boîtes d'argenterie !

— Du vin cacheté ! ajoutait Marthe en déposant une à une sur le carreau vingt bouteilles au goulot enduit de cire.

— Un pâté ! s'écria le maître d'école en tombant en arrêt devant une citadelle de croûte dorée d'où s'exhalait un fumet enivrant de hachis, de lièvre et de perdrix.

— Du café! dit Marthe, du sucre! des liqueurs!

— Deux carpes! s'écria Noirel en dégageant de leur linceuil de mousse et de fougère deux énormes cétacées qu'il montra méchamment à Claude pour le narguer.

— Eh! ma mignonne, demanda Marthe à Catherine, nous diras-tu, si ce n'est du ciel, d'où nous arrivent toutes ces richesses?

— C'est monsieur Roger qui nous les envoie, répliqua la petite vierge en montrant la lettre qu'elle tenait encore à sa main : je vous l'avais bien dit, ajouta-t-elle, que c'était un fils de roi.

— Qu'il soit béni ! s'écria Marthe avec effusion.

— Oui, oui, qu'il soit béni, répéta le marguillier ; car c'est grâce à lui, ajouta-t-il dans sa pensée, que mes pauvres écus l'ont échappé belle encore une fois.

On pense bien que durant le reste de la soirée il ne fut question que de Roger ; Claude fut le seul qui ne chanta pas les louanges du jeune étranger. Il avait pâli en l'entendant nommer, et son nez, naturellement en trompette, s'était recourbé en replis tortueux. Il se tint d'abord silencieux et taciturne ; puis, voyant qu'il n'était pour rien dans les préoccupations de Catherine qu'absorbait tout entière l'image de l'absent, il se leva d'un air sombre et se retira, après avoir mis tristement dans sa poche son ablette et ses deux goujons.

La petite vierge veilla bien avant dans la nuit, seule avec Marthe, et ne se lassant point à l'entretenir de Roger, tandis que celle-ci plumait ses oies et s'occupait des apprêts de la fête. Enfin, sur le coup de minuit, sa nourrice exigea qu'elle s'allât coucher, lui faisant observer qu'elle aurait à se lever au point du jour, et qu'il lui restait à peine quelques heures de sommeil et de repos. La jolie fille obéit, mais elle ne dormit guère, et l'aube la trouva éveillée, vive, alerte comme une pochée de souris.

V.

LA SAINT-SYLVAIN.

Enfin il se leva ce grand jour, cause innocente, nous l'avons déjà dit, de tant de trouble et de pertubation. A quatre heures et quelques minutes, le disque enflammé du soleil monta lentement dans l'azur du ciel, et l'unique cloche de l'église rustique sonna à toutes volées en l'honneur de Saint-Sylvain. François Paty, qui, ne sachant rien de ce qui s'était passé la veille au soir, n'avait guère mieux dormi que sa nièce, mais pour un motif différent, offrit son âme à Dieu, s'habilla à la hâte, et, selon sa coutume, sortit du presbytère pour aller lire son bréviaire en se promenant à travers champs, car il pensait que le cœur de l'homme s'élève plus aisément vers le Créateur, au milieu des splendeurs et des merveilles de la création. L'air frais du matin le calma; le spectacle toujours jeune et toujours nouveau des éternelles beautés de la nature, lui fit oublier pour quelques instants les préoccupations qui l'obsédaient. Il allait le long des blés, tantôt lisant, tantôt fermant son livre, et s'arrêtant pour méditer cet autre grand bréviaire que Dieu a lui-même écrit avec tout ce qui fleurit et verdoie, avec tout ce qui chante et respire. Il allait, contemplant avec un sentiment de reconnaissance exaltée, ces bois, ces prés, ce vallon, ces coteaux, et il remerciait Dieu qui lui permettait encore une fois de l'admirer et de le bénir dans son œuvre.

Ce moment d'ivresse religieuse fut court : les paysans des environs, qui se rendaient à Saint-Sylvain, ramenèrent bientôt le bon pasteur au sentiment de la réalité. En les voyant tous, jeunes et vieux, filles et garçons, parés de leurs habits de fête, François Paty ne put s'empêcher de faire un triste retour sur lui-même, et il s'en revint soucieux, songeant avec effroi à la collation de monseigneur, et regardant d'un air contrit ses gros souliers ferrés, ses bas de coton noir blanchi par les années, et sa malheureuse soutane déchiquetée par la faulx du temps. De retour à la cure, il gagna sa chambre aussitôt; mais à peine y fut-il entré qu'il faillit tomber à la renverse, en apercevant, étalés sur son lit, une paire de bas de filoselle jouant la soie à s'y méprendre, des souliers à boucles d'argent, une aube resplendissante, enfin une soutane neuve taillée dans un petit draps du pays, qu'avec un peu de bonne volonté on aurait pu prendre aisément pour du Louviers ou de l'Elbeuf. Le bon curé se demanda d'abord si ce n'était pas un rêve, puis, après s'être assuré qu'il était bien éveillé, il toucha tous ces objets l'un après l'autre pour se convaincre qu'il n'était pas le jouet d'un mirage. Il tenait encore l'aube entre ses mains, et il ne se lassait point d'en admirer les riches broderies, quand tout d'un coup la porte s'ouvrit pour donner passage au vicaire, qui se précipita comme une trombe dans l'appartement et se jeta sur François Paty qu'il enlaça de deux bras de fer.

—Mon ami, qu'y a-t-il? qu'avez-vous, mon bon ami? demanda le curé tout effaré, en essayant de se dégager des étreintes de son vicaire. Mon cher ami, vous m'étouffez; ne me serrez pas de la sorte.

—Ah! monsieur le curé, quelle surprise! s'écria le vicaire en le serrant plus fort. Quelle reconnaissance ne vous dois-je pas! C'est plus que la vie que vous me sauvez, c'est l'honneur.

— Mon bon ami, dit doucement François Paty, lâchez-moi, si vous ne voulez que je meure. Voyons, ajouta-t-il après être enfin parvenu à s'arracher aux enlacements d'une gratitude effrenée, qu'avez-vous à parler de surprise et de reconnaissance? En fait de surprise, je doute que la vôtre soit égale à la mienne.

— Ah! monsieur le curé, vous m'avez comblé! s'écria le digne garçon en s'efforçant de porter à ses lèvres la main du pasteur qui s'en défendit.

— Comblé de quoi? demanda celui-ci. De grâce, mon bon ami, expliquez-vous plus clairement; car il m'est impossible jusqu'à présent de rien comprendre à vos discours.

— C'est pourtant assez clair comme cela, répondit le vicaire en s'examinant complaisamment des pieds à la tête, et en tournant sur lui-même avec l'innocente coquetterie d'une jeune fille qui essaie devant sa mère sa première robe de bal.

— Grand Dieu! s'écria tout d'un coup François Paty dont ce petit manége avait fini par attirer et fixer l'attention distraite : que vois-je? un surplis neuf! *Tu quoque, mi fili!*

— Vous le voyez, monsieur le curé, reprit le vicaire en l'embrassant de nouveau, mais en y mettant cette fois moins de chaleur et d'emportement, vous le voyez, je me suis paré de vos dons pour venir vous en remercier.

— C'est ma foi bien un surplis neuf, répéta le vieux curé en se promenant autour de son vicaire. Ah! ça, mais il en pleut donc aujourd'hui, des surplis, des aubes et des soutanes! c'est donc comme la manne dans le désert! Tenez, ajouta-t-il en montrant les objets étalés sur son lit, voici ce que je viens de trouver ici en rentrant. Je vous assure, mon bon ami que vous ne me devez aucun remercîment et que je suis étourdi autant que vous d'une si étrange aventure.

— Comment, monsieur le curé, ce n'est pas vous....

— Non, mon ami, je puis vous l'affirmer, et je croirais à un double miracle, si nous n'étions, vous trop jeune encore et moi trop indigne, pour qu'il nous soit permis de supposer que Dieu ait daigné faire des miracles en notre faveur; à moins pourtant que le bon saint Sylvain, touché de notre peine, n'ait bien vivement intercédé pour nous, ajouta-t-il en hochant la tête.

— Ne seraient-ce pas plutôt la bonne Marthe et mademoiselle Catherine?

— Vous oubliez, mon ami, que les deux pauvres créatures ne sont pas même en état de donner une petite collation à Monseigneur et aux desservants qui seront ici dans une heure. Je dois même vous avouer, qu'en dépit de ma soutane neuve et de votre magnifique surplis, je reste dans un assez vif embarras. Pour parler net, je ne sais véritablement pas comment nous allons nous tirer d'affaire. Un repas de trente couverts, quand nous n'avons même pas la nappe et les serviettes! J'avais compté hier sur la pêche de Claude; ce malheureux n'a rapporté que deux goujons et une ablette. L'éclat de votre surplis et le luxe de ma soutane ne feront que mieux ressortir l'indigence de notre table. Vous savez le proverbe, mon ami : culotte de velours et ventre de son. Je crains bien que Monseigneur ne se le rappelle aujourd'hui.

Ainsi parlant, le bon curé marchait dans la chambre et s'arrêtait de temps en temps devant quelques pieuses images qui tapissaient çà et là les murailles blanchies à la chaux. Il était occcupé depuis quelques instants à contempler une sainte Catherine qui semblait lui sourire, quand le vicaire, qui se tenait dans l'embrasure d'une fenêtre, jeta tout d'un coup un grand cri.

—Qu'y a-t-il encore? demanda François Paty.

Et, se retournant vivement, il aperçut son vicaire debout, immobile, les mains jointes, dans une attitude extatique, complètement absorbé par ce qui se passait au dehors. Il s'approcha de la fenêtre qui ouvrait sur la terrasse de la cure, et, s'étant penché pour voir ce qui fixait à ce point l'attention du jeune lévite, à son tour il poussa un grand cri, puis il resta dans une muette extase devant le spectacle qui s'offrait à ses yeux.

C'est que c'était bien en effet le spectacle le plus merveilleux auquel François Paty pût en ce moment souhaiter d'assister. Il aurait vu le bon saint Sylvain lui-même apparaître dans la cour du presbytère, qu'il n'en eût été ni plus étonné, ni plus ravi, ni plus joyeux. Qu'on se figure, sous le dôme des grands marronniers dont la terrasse était plantée, une longue table formée, à vrai dire, de planches étayées par des tréteaux et par des barriques, mais le tout recouvert et caché par une belle nappe damassée dont les plis tombaient jusqu'à terre. Au milieu, se prélassait majestueusement un pâté colossal, flanqué de deux carpes au bleu dont les écailles reluisaient comme une cuirasse d'azur. L'argenterie étincelait à côté de chaque assiette, et çà et là, au milieu des fleurs dont la table était chargée, s'élevaient, comme de petites pyramides, des flacons au col allongé. En même temps, un parfum inusité montait de la cuisine de Marthe et se mêlait agréablement aux émanations embaumées d'une fraîche matinée de printemps. Après plusieurs minutes silencieuses, le curé et le vicaire, par un mouvement simultané, tombèrent dans les bras l'un de l'autre et se tinrent longtemps embrassés.

En cet instant, Catherine entra, souriante et parée, dans la chambre de son oncle.

— Viens, chère fille, viens dans mes bras, s'écria François Paty en l'attirant doucement sur son cœur; car c'est toi, je le jurerais, c'est toi, aimable enfant, qui nous vaux ces surprises et ces enchantements.

Alors la petite vierge, qui pleurait de joie en voyant la joie de son oncle, se prit à raconter, avec un charme toujours nouveau, comment ayant appris le retour du comte des Songères, elle était allée au château de Bigny, et de quelle façon elle avait été rencontrée dans le parc par un jeune homme beau comme un ange et qui devait être un fils de roi.

— Je savais bien, chère fille, dit le curé, que tu étais allée quêter au château de Bigny, mais j'ignorais que le comte fût de retour. Le comte des Songères! ajouta-t-il d'un air rêveur et comme en se parlant à lui-même, il y a eu vingt ans cet hiver... cruel anniversaire et fatal souvenir!

— Vous connaissez M. des Songères, mon oncle ? demanda la petite fée.

— A peine, mon enfant : j'arrivais au pays comme il était près d'en partir. Mais, ma Catherine, ce beau jeune homme que tu as pris pour un fils de roi, ne serait-il pas tout simplement le fils du comte des Songères ?

— Il se nomme Roger, dit Catherine.

— C'est bien lui, c'est bien son fils, ajouta le vieux pasteur en retombant dans sa rêverie.

— Vous le connaissez, mon oncle ?

— Je ne l'ai vu qu'une fois et ce n'était alors qu'un enfant. Ainsi, ma fille, c'est ce jeune Roger qui nous est venu en aide ! Sa belle et noble mère me l'avait bien dit, qu'elle lui laisserait, en s'en allant, son cœur, son âme et sa vie tout entière.

— Vous avez connu sa mère, mon oncle?

— Oui, ma fille, répondit François Paty dont les yeux se mouillèrent à quelque triste souvenance; ce fut une martyre sur la terre, et c'est depuis vingt ans un ange dans le ciel.

— Mon oncle, est-ce que c'est vrai ce qu'on dit? est-il vrai que le comte ait tué sa femme, ou qu'il l'ait fait mourir de chagrin?

— Ma fille, répliqua tristement le pasteur, il est ici-bas bien des douleurs et bien des misères, et ce n'est point sans raison que cette terre s'appelle la vallée des larmes.

La conversation en était là, et la petite vierge, qui sentait sa curiosité singulièrement éveillée, ne demandait qu'à la continuer, lorsqu'on vit s'abattre dans la cour du presbytère une nuée de robes noires. C'étaient les desservants des paroisses environnantes, qui, étant partis tous ensemble d'un même point où ils s'étaient donné rendez-vous, arrivaient tous en même temps à la cure de Saint-Sylvain. François Paty s'empressa de les aller recevoir et de leur faire servir à chacun un bon verre de cidre, tandis que Catherine retournait à l'église pour achever de parer l'autel. En traversant la place, elle fut admirée par tous les paysans qui ne l'avaient jamais vue si jolie, si vive ni si avenante. Le fait est qu'elle était charmante avec sa robe de percale blanche, sa ceinture bleue à bouts flottants, ses grands yeux noirs qui étincelaient sous leurs longs cils, et ses cheveux nattés sous le poids desquels son cou mince semblait plier comme une tige surchargée de fleurs. Elle trouva Claude qui l'attendait à la porte de l'église, sous l'auvent de tuiles moussues.

— Que te voilà belle, Catherine! s'écria le pauvre garçon en la contemplant d'un air inquiet et d'un regard jaloux.

— C'est toi qui es beau, dit la jolie fille en souriant.

— Tu trouves? demanda Claude.

— Oui, tu es très bien ainsi, répliqua la petite fée en rabattant le col empesé qui lui montait jusqu'aux oreilles ; seulement, ajouta-t-elle, tu feras bien de dire à ton père qu'il t'achète une veste neuve, car celle-ci est trop courte depuis deux ans.

— C'est vrai, dit Claude, en essayant, mais en vain, d'allonger les manches de sa veste, et en regardant avec confusion ses larges mains rouges et ses poignets osseux.

— Ton pantalon aussi est trop court, ajouta Catherine en l'examinant.

— C'est vrai, dit Claude en regardant avec tristesse les pieds cyclopéens et les chevilles formidables que son pantalon laissait à découvert. Oui, ajouta-t-il avec des larmes dans les yeux, je suis laid, mais je t'aime et te suis dévoué. J'ai de grands pieds et de longues jambes, mais je m'en sers pour te suivre derrière les haies, quand tu t'en vas seule sur Annette.

J'ai de larges mains, mais une fois elles ont servi à te défendre.

— Eh bien! dit Catherine avec un ton de doux reproche, est-ce que je ne t'aime pas, moi aussi? depuis quelque temps je te trouve un air tout étrange. Allons, viens m'aider à effeuiller des roses sur les marches de l'autel, et tâche surtout de te distinguer au lutrin.

A ces mots, ils entrèrent tous deux avec recueillement dans le temple rustique que le soleil illuminait à pleins rayons.

Cependant le premier coup de la messe venait de sonner, et la foule, qui stationnait depuis le matin sur la place, commençait à s'écouler lentement dans la maison de Dieu. Le père Noirel, allumait les cierges. Le vicaire allait, venait, et ne se lassait point de faire admirer son surplis neuf dont l'assistance paraissait en effet tout émerveillée. Le petit Jean éclatait de joie sous sa calotte rouge et dans sa robe neuve d'enfant de chœur que lui avait achetée Catherine. Claude se tenait au lutrin où il assurait le timbre de sa voix. Agenouillée au milieu des pauvres du village, la petite vierge, tout en priant avec ferveur, examinait s'il ne manquait rien à l'ordonnance de la fête. Monseigneur de Limoges avait fait savoir, par son grand vicaire, qu'il arriverait à l'heure du service divin et qu'il descendrait à la porte de l'église. A dix heures donc, au dernier coup de la messe, tout le monde était à son poste. L'enceinte sacrée regorgeait de fidèles. Les gros bonnets de l'endroit avaient envahi le banc de la fabrique. On ne voyait qu'un banc vide, mais il l'était depuis plus de vingt ans ; c'était celui des seigneurs du pays. Le chœur et l'autel étaient encore déserts: François Paty, son vicaire, tous les desservants et jusqu'au petit Jean, l'encensoir à la main, rangés autour d'un dais champêtre, attendaient sous l'auvent l'arrivée du prélat. Il faisait au dehors une de ces journées de printemps qui ajoute tant d'éclat et tant de parfums à la poésie des solennités religieuses. Les mousses et les lichens crépitaient sur les toits de chaume; les chèvre-feuilles et les sureaux exhalaient leurs plus douces senteurs; le soleil embrasait les vitraux; le ciel souriait à la terre, et les hirondelles joyeuses traçaient de grands cercles autour du clocher.

Il se fit tout d'un coup dans l'assemblée un mouvement aussitôt comprimé ; tous les regards se tournèrent vers la porte, tous les cœurs battirent dans les poitrines. Une voiture attelée de deux chevaux venait de s'arrêter devant le porche ; Monseigneur de Limoges en descendit, suivi de ses deux vicaires-généraux. François Paty s'avança de quelques pas, et s'étant placé entre le dais et le prélat :

— Monseigneur, dit-il avec une touchante bonhomie, en daignant visiter notre pauvre paroisse, vous prouvez bien que vous êtes sur la terre le représentant du Dieu adorable qui choisit une crèche pour berceau. Entrez, Monseigneur, dans cette humble église : vous y verrez, agenouillés sur votre passage, de brave gens, laborieux, patients, résignés, aimant leur prochain, s'aidant les uns les autres, servant Dieu dans la simplicité de leur cœur, et qui garderont, toute leur vie, un pieux souvenir de la grâce de votre présence. La Saint-Sylvain sera désormais pour ce hameau une double fête ; car, à partir de ce jour, Monseigneur, vous prendrez place dans nos âmes à côté du saint que nous vénérons.

Telle fut la harangue de François Paty. Si nous n'en connaissons point de meilleures, c'est que nous n'en savons pas de plus courtes.

— Monsieur le curé, répondit l'évêque

avec bonté, il est de mon devoir de visiter les paroisses de mon diocèse ; ce devoir est cher à mon cœur : je le remplis avec amour. Cependant je veux que vous sachiez, François Paty, que c'est à vous surtout que s'adresse ma visite ; que c'est à vous seul que revient le peu d'honneur qui doive en revenir. Voici longtemps que je sais ce que vous valez, et, puisque vous avez constamment refusé les postes plus élevés que je vous ai offerts, j'ai voulu, en venant vous voir au fond de ces campagnes, vous donner un éclatant témoignage de l'estime que je fais de vos vertus et de vos travaux.

— Monseigneur, dit le bon pasteur qui fondait en larmes, je suis récompensé bien au-delà de mes faibles mérites. Il me semble que je viens d'entendre la voix du bon Dieu, qui m'a dit : François Paty, je suis content de toi.

—Oui, François Paty, oui, mon digne ami, le bon Dieu est content de vous, ajouta l'évêque en lui donnant son anneau à baiser.

Après cette petite scène qui avait singulièrement ému les assistants, Monseigneur passa sous le dais et s'avança processionnellement entre deux haies de mains jointes et de fronts prosternés, précédé du vicaire qui portait la croix, du père Radigois qui tenait la bannière de saint Sylvain, et du petit Jean qui marchait à reculons, en encensant avec beaucoup de grâce. Au lieu de cette horrible colophane qu'on brûle, en guise d'encens, dans toutes les églises et même dans les cathédrales, Catherine avait eu la poétique idée de mettre des fleurs des champs dans l'encensoir, si bien qu'à chaque coup que donnait le petit Jean, il tombait sur les pas de l'évêque un bluet, un coquelicot ou quelques brins de véronique et de germandrée. Quand le cortége eut gagné le chœur, Monseigneur alla s'asseoir, à la gauche de l'autel, dans un fauteuil au-dessus duquel on venait d'attacher le dais, puis le service divin commença.

Que la tâche du romancier s'arrête au pied des autels! nous craindrions, en y touchant, de profaner les sacrés mystères. Toutefois, en notre qualité d'historien fidèle, nous devons raconter un petit incident qui faillit troubler la célébration de la sainte messe.

Tout allait pour le mieux. Les cierges ne coulaient pas trop ; la sonnette n'était pas trop fêlée ; le petit Jean ne manœuvrait pas trop maladroitement et ne s'empêtrait pas trop souvent dans l'ampleur de sa robe neuve. Pour Claude, il se couvrait de gloire. On pensait généralement dans l'assistance qu'il n'avait jamais chanté d'une façon si remarquable ; au *kyrie eleïson,* il trouva le moyen de se surpasser. On eût dit qu'au lieu d'un lutrin et de deux chantres, il y avait dans l'église une batterie de canons chargés à mitraille. Tantôt sa voix pleine et majestueuse grondait comme un tonnerre sous les charpentes de la voûte ; tantôt, terrible et profonde, elle mugissait comme un torrent dans un abîme ; d'autres fois, elle partait comme une bombe et menaçait d'enlever la toiture. Il vint un instant où cette voix magique prit un tel développement, que tous les yeux se tournèrent vers le jeune Noirel, et qu'on se mit à le regarder avec ce sentiment d'admiration mêlée de terreur qu'on éprouverait à voir un équilibriste dansant sur une corde, au-dessus d'un gouffre ouvert sous ses pieds. Mais lui, le brave et digne Claude, sans se laisser intimider par les regards de l'assemblée, jaloux de mériter les suffrages de Catherine, il redoublait de force et d'énergie, sa voix montait toujours, et l'honnête garçon touchait au plus beau triomphe qu'ait jamais pu rêver un chantre de paroisse, quand tout d'un coup... ô amère dérision du sort! ô vicissitudes du lutrin ! ô fatalité sans exemple ! il touchait, disons-nous, au plus haut point de ses ambitions, il allait poser les colonnes d'Hercule de la voix humaine, quand tout d'un coup il lui échappa ce qu'on est convenu d'appeler un canard. Hélas! ce ne fut pas un de ces légers canards qui se dissimulent aisément entre les roseaux du rivage; ce fut un de ces canards monstrueux qui suffisent à ruiner l'avenir et la réputation d'un homme. En même temps on vit Claude pâlir, son front s'emperla d'une sueur glacée, et le père fut obligé d'achever l'hymne qu'avait commencée le fils.

Quoi donc? que s'était-il passé? un génie malfaisant, aux doigts crochus et aux ongles d'acier, venait-il traîtreusement de serrer la gorge de ce chantre intrépide, qui jusqu'alors n'avait jamais faibli? une mouche étourdie, en s'introduisant dans ce gosier sonore, y avait-elle déterminé un funeste chatouillement ? Dieu, qui a posé les limites de toutes choses, avait-il dit à la voix de Claude, comme aux flots de la mer : Tu n'iras pas plus loin ? ou tout simplement, Claude, qui n'avait rien mangé depuis la veille, avait-il succombé sous une de ces subites défaillances auxquelles sont exposées, à jeun, les organisations les mieux trempées et les plus robustes natures ? Rien de tout cela. Claude, qui croyait Roger bien loin, avait rencontré tout d'un coup le regard de ce jeune homme qui se tenait dans le banc qu'occupait autrefois sa famille, et le malheureux s'était senti fasciné, comme le rossignol par l'œil du basilic. Telle était l'origine du canard dont on parla longtemps dans le pays.

En effet, peu d'instants après *l'Introït*, on avait vu un beau jeune homme, grand, mince, élancé, élégamment et simplement vêtu, traverser gravement la nef et gagner le banc seigneurial. C'était Roger, qui ne fut pas peu surpris, en se retournant aux détonations de la voix du jeune Noirel, de reconnaître le rusé compère qui, quelques jours auparavant, l'avait renvoyé de Saint-Sylvain à la Hachère. Quoique l'assistance fût d'ordinaire très-pieuse et très recueillie, nous devons convenir qu'elle se montra cette fois passablement distraite, d'abord à cause de la présence de Monseigneur, dont la soutane violette, le camail violet, les gants violets et les bas violets excitaient presque autant de curiosité que de respect ; puis grâce à l'apparition de Roger, que nul ne connaissait et qui ne tarda pas à attirer sur lui l'attention générale. Catherine était la seule qui ne l'eût point encore remarqué, quand la petite Paquerette la tira doucement par sa robe et lui dit à voix basse :

« Mademoiselle, Mademoiselle, regardez donc là-bas ce joli Monsieur ; c'est lui qui m'a donné, l'autre jour, trois pièces blanches. »

La petite vierge leva les yeux et rougit comme une rose de Provins, en apercevant Roger, qui, éclairé en cet instant par un flot de soleil qui tombait d'aplomb sur sa blonde tête, avait l'air radieux d'un archange. Catherine resta quelques secondes à le contempler ; puis, le sein ému, elle abaissa les yeux sur son livre de messe.

Pâle, muet, immobile, le front baissé, mais le nez en l'air, car, quelque position et quelque attitude que prît Claude, il était dans la destinée de ce nez en trompette de regarder toujours le ciel, le fils du marguillier dévorait en silence sa honte et ses humiliations. Que devint-il, grand Dieu! lorsqu'il vit Catherine se lever, sa bourse de quêteuse à la main! Quand la petite vierge quêtait, le dimanche, à la messe, il entrait dans les attributions de Claude de la précéder, en criant à chaque station : Pour les réparations de l'église ! et plus souvent : Pour les pauvres de la paroisse, s'il vous plait ! Jusqu'à ce jour il avait considéré cette tâche comme un plaisir et comme un honneur ; cette fois, en présence de Roger, sous les yeux de cet élégant et beau jeune homme, le pauvre garçon comprit vaguement qu'il allait jouer le rôle d'un niais et d'un jobard. Il fallut pourtant bien s'exécuter. Sur un signe de Catherine, Claude se leva, plus rouge qu'une pivoine, et se prit à marcher devant la petite vierge, écartant la foule et criant de loin en loin, mais d'une voix éteinte et voilée : Pour les pauvres de la paroisse, s'il vous plaît ! Arrivé au banc de Roger, il eût voulu pouvoir s'abîmer à cent pieds sous terre. La belle enfant tendit sa bourse avec un sourire, et le jeune gentilhomme y laissa tomber une pièce d'or.

Après l'*Ite misssa est*, Monseigneur fut conduit au presbytère avec le cérémonial obligé. Dès-lors le digne prélat se montra bienveillant, affectueux, d'une familiarité tout-à-fait charmante. Il visita la cure, parut enchanté du bon parfum d'ordre et d'honnêteté qu'on y respirait; adressa de douces paroles à tous les desservants, s'entretint avec le vicaire, complimenta Claude sur la façon dont il avait chanté au lutrin ; puis, en voyant la petite vierge que lui présentait François Paty :

— Voici longtemps, dit-il, que j'ai entendu parler de cette aimable et pieuse enfant; je sais que vous êtes, ma chère fille, l'ange béni de ces campagnes. Continuez, ajouta-t-il en lui donnant sur ses joues purpurines deux petits coups d'une main blanche et potelée, continuez d'édifier votre prochain par vos bons exemples, car rien n'est plus agréable à Dieu que la grâce et la jeunesse sanctifiées par la piété et par la vertu.

On pense quelle jolie révérence tira là-dessus la jolie fille à Monseigneur.

Cependant, après avoir fait un tour de promenade dans le village, le jeune vicomte se préparait à remonter sur son cheval qu'il avait attaché, près du porche de l'église, à un anneau de fer scellé dans le mur, lorsqu'il vit accourir

François Paty qui avait réussi à s'échapper un instant, en apprenant par Catherine que le fils du comte des Songères avait assisté au service divin et qu'il devait être encore dans le hameau.

— Monsieur..... lui dit le bon pasteur; mais, s'interrompant aussitôt, il resta muet à le contempler, et ses yeux se remplirent de larmes qui roulèrent silencieusement le long de ses joues.

— Pardonnez-moi, reprit-il enfin avec émotion ; j'étais venu pour vous remercier, et voici qu'en vous voyant je n'ai pu retenir mes pleurs. O mon Dieu! est-ce donc vous que j'ai tenu tout petit enfant entre mes bras? Oui, c'est bien vous, mon Dieu! car vous êtes le portrait vivant de votre noble mère.

— Vous avez connu ma mère ! s'écria le jeune homme à son tour ému.

— Elle était belle et bonne comme vous, répondit François Paty en lui prenant les deux mains dans les siennes. Mais, Monsieur, vous ne pouvez pas nous quitter ainsi. Venez vous asseoir à notre table chargée de vos dons; votre présence y sera un bienfait de plus.

A ces mots il entraîna Roger qui se laissa conduire sans opposer beaucoup de résistance. En le voyant, Catherine sentit battre doucement son cœur, et Claude, qui avait la conscience de ses méfaits, s'alla cacher tout penaud derrière son père. Roger eut le bon goût de le saluer avec politesse et de n'avoir point l'air de le reconnaître. Sur ces entrefaites, Marthe, le visage illuminé autant par la joie de son âme que par le feu de sa cuisine, vint annoncer que la collation était servie. Guidé par François Paty, Monseigneur, sans plus attendre, passa sur la terrasse où le suivit un nombreux cortège. A voir Catherine et Roger au milieu de toutes ces robes noires, on eût dit deux jolis pigeons blancs enveloppés par une bande de corbeaux. Les deux jeunes gens se placèrent l'un près de l'autre, au grand déplaisir de Claude qui se vit relégué au bout de la table, entre le vicaire et le marguillier.

Le repas fut animé par une douce gaîté, que ne gêna point la présence du prélat. Il est à remarquer qu'en général, rien n'est plus gai ni plus charmant que ces réunions de curés de campagne. Les cœurs purs et sereins font les esprits joyeux et contents, et presque toujours il se cache sous ces robes austères beaucoup de grâce et d'agrément qu'on ne soupçonne pas d'abord et qu'on est tout surpris de découvrir. Monseigneur mangea de grand appétit et fit honneur aux vins du château de Bigny, sans s'inquiéter de savoir comment le pauvre François Paty, avec ses huits cents francs d'appointements, avait pu s'y prendre pour lui offrir un gala si somptueux. En ceci, tous les supérieurs sont les mêmes, et les grands ne se doutent jamais de l'embarras qu'ils causent aux petits lorsqu'ils leur font l'honneur de venir s'asseoir à leur table. Rien ne leur paraît que simple et naturel, et il ne leur viendrait pas à l'idée de se dire que le vin qui rougit leur verre et la tranche de pâté qu'ils ont sur leur assiette ont coûté des mois de privations, des journées d'angoisses et peut-être des nuits sans sommeil.

— Eh bien! Messieurs, vous le voyez, disait le prélat en ôtant avec soin les arêtes d'un tronçon de carpe que François Paty venait de lui servir, quelques-uns d'entre vous se plaignent de la modicité de leur traitement; voici pourtant le curé de Saint-Sylvain qui, avec ses huit cents francs par an, trouve le moyen d'enrichir les pauvres et de nous donner un royal festin.

— Monseigneur, répondit le vieux pasteur en souriant, c'est que le Dieu que nous adorons est toujours le Dieu des miracles, le Dieu bon et tout-puissant, qui sait, quand il daigne le vouloir, changer l'eau en vin, charger de poissons les filets des apôtres, et multiplier les pains pour nourrir la foule au désert.

Là-dessus Monseigneur sourit, lampa un verre de vin de Bordeaux, eut l'air de comprendre et ne comprit pas. Les desservants, qui avaient gagné un vif appétit en venant à pied de leurs cures respectives à celle de Saint-Sylvain, jouaient de la fourchette à qui mieux mieux. Le marguillier dévorait, c'est le mot. De son côté, le vicaire n'allait pas trop mal. Claude seul ne mangeait pas. Il regardait d'un œil triste et jaloux Catherine et Roger, qui causaient gentiment entre eux, et il souffrait de les voir si beaux l'un et l'autre, et il avait envie de pleurer. Son père avait beau lui dire, en lui donnant un coup de pied sous la table : « Mange donc, fainéant, puisque ça ne coûte rien. » Claude secouait la tête, soupirait et ne mangeait pas.

La collation se prolongea jusqu'au premier coup de vêpres. Monseigneur se leva de table pour se rendre à l'église, où il confirma tout le monde. Cela fait, le prélat monta dans sa voiture et s'éloigna au pas de ses chevaux, après avoir embrassé François Paty, pincé la joue de Catherine, et béni en masse toute la commune agenouillée sur son passage.

Une heure après Roger s'éloignait, lui aussi, au trot de son cheval, heureux de sa journée, comblé des remerciements de François Paty, et se promettant bien de revenir souvent dans cette cure où il venait pour la première fois de connaître les joies du cœur et d'entendre parler de sa mère.

— Nous nous reverrons, lui dit le bon pasteur qui l'avait accompagné jusqu'au bout du village, nous nous reverrons souvent. C'est le vœu de mon cœur, ajouta-t-il en lui prenant la main; sachez que c'est aussi la volonté de votre sainte mère qui est dans le ciel.

A dix heures du soir tout reposait à Saint-Sylvain. Catherine et Claude veillaient seuls. La petite vierge rêvait, accoudée sur l'appui de sa fenêtre ouverte, Claude baignait son chevet de pleurs.

— O mon Dieu! disait-il avec un morne désespoir; Dieu, qui les avez faits si beaux, pourquoi m'avez-vous fait si laid!

Pendant ce temps Roger suivait lentement le chemin qui mène de Saint-Sylvain au château de Bigny. Il faisait une douce nuit. Les étoiles brillaient au firmament; la lune blanchissait le sentier, et Roger écoutait chanter en même temps les rossignols dans les haies, l'amour et la liberté dans son âme.

VI

BABIL, AMOUR ET VENGEANCE.

Saint-Sylvain et le presbytère avaient repris leur train de vie accoutumé. Chacun était retourné à ses devoirs et à ses travaux, François Paty à ses ouailles, Claude à sa classe où depuis quelque temps il suppléait son père, Catherine à ses broderies, la bonne Marthe aux soins du ménage. Le vicaire avait serré son magnifique surplis;

le curé en avait fait autant de sa soutane neuve, de ses bas de filoselle et de ses souliers à boucles d'argent; grâce au petit Jean, les chandeliers de cuivre qui décoraient l'autel étaient rentrés dans leur étui de serge verte; pieds nus, ses cheveux en broussaille, sa gaule à la main et sa robe à mi-jambe, la petite Paquerette promenait, comme devant, ses pourceaux le long des chemins. En apparence, rien n'était changé; mais en y regardant d'un peu près, on aurait pu s'assurer aisément que ce grand jour, que nous avons vu briller sur Saint-Sylvain, avait laissé dans deux cœurs de notre connaissance des traces vives et profondes, qui ne semblaient pas devoir s'effacer de sitôt. Sans parler ici de Roger, et pour nous en tenir au village, on a compris déjà qu'il s'agit de la petite vierge et du fils du marguillier.

Claude ne s'était pas relevé de l'horrible canard qui l'avait si fatalement interrompu au plus beau moment de ses triomphes. Il savait qu'on en parlait dans le pays, et ne se dissimulait pas que sa carrière de chantre au lutrin s'en ressentirait, en supposant qu'elle n'en restât point entravée. Claude avait des envieux ; son éducation, sa position sociale, les écus présumés de son père, la familiarité dont il jouissait auprès de la petite vierge, l'opinion très accréditée qu'il devait l'épouser un jour et que c'était exprès pour lui qu'achevait de se développer et de s'épanouir cette fleur de grâce, d'innocence et de gentillesse ; tout cela faisait que Claude comptait plus d'un ennemi dans la jeunesse de la commune, et qu'en général on ne le voyait pas d'un bon œil. Pour la malveillance qui jusqu'alors avait cherché vainement sur quoi s'exercer, on juge quelle proie ce dut être que cet affreux canard échappé du gosier de Claude! Les jeunes gars, qui le jalousaient, n'hésitèrent pas à déclarer qu'il s'était couvert de honte; les jeunes filles qui lui en voulaient secrètement de les négliger pour rôder autour de la petite fée, ne pouvaient s'empêcher de reconnaître que depuis quelque temps Claude avait singulièrement baissé. Nous-même, hélas! nous sommes obligé de convenir que, le dimanche suivant, intimidé par le souvenir d'un si grand désastre, il chanta les vêpres de façon à réjouir les méchants, et qu'on fut en droit de se demander, dans la partie désintéressée de l'assistance, ce qu'était devenue cette voix qui, durant deux ans et plus, n'avait point connu de rivales.

Mais ce n'était ni l'orgueil ni la vanité qui se plaignaient en lui ; les gloires de ce monde ne préoccupaient guère ce cœur blessé, agité d'autres soins. Depuis qu'il avait aperçu pour la première fois, à la grille du parc de Bigny, Roger tenant dans sa main le petit pied de Catherine pour l'aider à sauter sur Annette, Claude avait perdu le repos de son âme ; à partir du jour de la Saint-Sylvain, ce sourd malaise, qu'il éprouvait déjà, s'était changé en une maladie qui, pour n'être pas définie, n'en était pas moins douloureuse. C'était comme une flèche invisible qu'il avait au flanc : plus il se démenait pour s'en débarrasser, plus le trait pénétrait avant dans la blessure. De quelque côté qu'il se tournât, partout et toujours il voyait l'image du jeune et beau Roger souriant à Catherine, et le pauvre garçon se débattait avec désespoir sous le sentiment qu'il avait de sa propre laideur. L'idée que ce jeune homme avait désormais ses entrées à la cure, qu'il pouvait y revenir et qu'il y reviendrait à ses heures, cette idée ne lui donnait ni paix ni trêve, et ce qu'il souffrait ne saurait s'exprimer ; car ce n'était pas de l'amour qu'il avait pour Catherine, c'était de l'adoration, une adoration naïve et, disons le mot, religieuse. D'un geste, la petite vierge l'eût envoyé au bout du monde ; ce n'est point une exagération d'avancer qu'au besoin, et même sans besoin, il se serait fait hacher pour elle; nous ne sommes pas bien sûr qu'il n'ait jamais baisé l'empreinte de ses pas. Il l'aimait comme on aime lorsqu'on sait aimer : à son insu, sans y rien comprendre, sans le lui dire à elle, sans se l'avouer à lui; seulement, elle était sa vie, et de même que, par un temps d'orage, nous subissons les influences de l'atmosphère sans songer, pour la plupart, à nous rendre compte du phénomène de la raréfaction de l'air, de même Claude, depuis que Roger lui était apparu, souffrait et s'agitait sans trop chercher à s'expliquer pourquoi. On croira sans peine que la façon dont il faisait sa classe se ressentait quelque peu des dispositions de son esprit. S'il lui arriva maintes fois, en ces jours de trouble, de prendre les A pour les B, qu'il lui soit beaucoup pardonné, parce qu'il a beaucoup aimé! Tantôt il tombait dans une sombre rêverie dont ses élèves profitaient pour lui tirer la langue et lui faire les cornes ; tantôt, l'oreille au vent et l'œil aux aguets, s'il entendait le pas d'un cheval, s'il voyait passer à travers la vitre une vague silhouette, il se précipitait hors de l'école, et le plus souvent, en rentrant, il trouvait la salle vide, les petits drôles s'étant hâtés de décamper et de s'enfuir pêle-mêle le long des buissons. Ce qui prouve combien les préoccupations de l'amour sont incompatibles avec les devoirs du professorat, c'est que, devenus grands, tous ces petits polissons se firent remarquer par une ignorance crasse, et qu'il est à Saint-Sylvain, grâce aux distractions du jeune Noirel, toute une génération hors d'état de lire aucune des belles choses qui s'impriment aujourd'hui : tous braves gens, d'ailleurs, et ne parlant jamais de Claude qu'avec reconnaissance et respect.

Or, tandis que le cœur de notre ami Claude gémissait comme un hibou dans son trou solitaire, le cœur de notre petite fée babillait et gazouillait comme une couvée de pinsons dans une haie d'aubépine en fleurs. Il est des âmes que les premières atteintes de l'amour portent vers la mélancolie, et chez lesquelles, en s'éveillant, la vie et le bonheur ont des larmes pour premiers sourires ; mais pour Catherine, pour cette aimable et vivace nature, ç'avait été comme un de ces gais rayons du matin qui donnent le signal des fêtes de la création et remplissent de mille cris charmants la vallée, les bois et les coteaux. Cependant, qui nous dit qu'elle aimait, cette enfant? Certes, à l'observer, nul n'aurait pu reconnaître en elle les symptômes du mal étrange que nous avons appelé l'amour. Levée dès l'aube, plus fraîche et plus vermeille que l'aurore, elle égayait aussitôt la maison tout entière de sa joie pétulante, de sa vive humeur et de sa grâce active. C'était comme le réveil d'une ruche ou d'une volière. On la voyait partout en même temps, dans la cour, au jardin, sur la terrasse, à sa fenêtre, bondissante et légère, courant tour à tour de son oncle à sa nourrice, et pareille à l'un de ces jolis oiseaux des tropiques, toujours en mouvement et qui nichent la nuit dans le calice d'une rose. Elle accompagnait le bon curé, quand il sortait, selon son habitude, pour aller lire son bréviaire à travers les champs ; ils allaient l'un et l'autre par les sentiers couverts, François Paty lisant, et la petite fée le tirant à chaque instant par sa soutane pour lui montrer soit un accident du paysage, soit un effet de lumière sur le flanc brumeux des collines, soit une marguerite ou un bouton d'or sur le bord du chemin. Le pasteur se prêtait avec bonté à toutes ces fantaisies et fermait son livre sans humeur ; il savait qu'admirer Dieu et le bénir dans les merveilles qu'il a faites, c'est le prier et le glorifier. François Paty avait connu de tout temps sa nièce telle à peu près que nous la voyons aujourd'hui ;

toutefois, depuis la Saint-Sylvain, il remarquait en elle plus d'enjouement et d'animation. Le digne homme s'en félicitait, et parfois il disait soit à Marthe, soit au papa Noirel :

— La visite de Monseigneur a déjà rapporté de doux fruits ; car, depuis qu'elle a reçu le sacrement de la confirmation, notre chère fille semble avoir redoublé de grâce, de séductions et d'enchantements de tout genre. On la nomme la petite fée dans le pays : c'est qu'en vérité ce nom lui sied à cause du charme véritable que cette petite magicienne jette autour de nous. Pensez-vous qu'il y ait au monde rien de plus charmant en effet? Pour moi, je ne sais rien de plus gracieux et de plus aimable, et je suis sûr que, s'il pouvait s'ennuyer dans sa gloire, Dieu se distrairait à regarder cette mignonne créature. J'ai toujours dit que cette enfant était une bénédiction du ciel; mais je dois reconnaître que le sacrement de la confirmation a fécondé tous les germes précieux enfouis dans ce jeune sein. La visite de Monseigneur aura été pour Catherine comme une de ces journées de soleil et de chaudes brises qui empourprent les pêches de nos espaliers et dorent les raisins de nos treilles.

A quoi le papa Noirel répondait :

— Plût à Dieu, monsieur le curé, qu'il me fût permis d'en dire autant de mon fils! Mais il semble que la Saint-Sylvain ait passé sur lui comme une gelée d'avril sur les bourgeons de mon verger. N'est-ce pas une chose étrange que tout ce qui se rattache à ce saint jour ait été fatal à mon Claude ? Vous avez entendu quel canard a fait ce malheureux à la messe, après n'avoir réussi, la veille, qu'à prendre dans la Creuse une ablette et deux goujons. Ce n'est pas tout. Depuis ce jour, que je n'ose appeler funeste puisqu'il a été sanctifié par la présence de Monseigneur, je ne reconnais plus mon fils, et je suis dans la position d'un homme qui, ayant planté dans un parterre des rosiers et des œillets, n'y voit fleurir que des orties et des bardanes. Où j'avais semé le bon grain, je ne récolte que l'ivraie. Claude est triste, sa voix s'éteint, son nez se recourbe outre mesure.

Tandis que votre nièce verdit et que ses joues rougissent et se veloutent comme les pêches en automne, mon fils s'affaisse et sa face se ride comme une nèfle sur la paille. S'il est vrai de dire, monsieur le curé, que vous êtes le plus heureux des oncles, il est juste aussi d'avouer que je suis le plus infortuné des pères. Si je dois convenir, ajouta-t-il, un jour, que la présence de Monseigneur a rapporté de doux fruits sous votre toit, convenez, de votre côté, que je n'en ai retiré pour ma part que des fruits bien amers.

— Mon ami, mon cher ami ! s'écria le curé, ne parlez pas ainsi ; ce serait une impiété de supposer que le passage de Monseigneur puisse être signalé autrement que par des bienfaits. Je reconnais que, la veille de la Saint-Sylvain, Claude n'a pas été très heureux à la pêche, et qu'en le voyant tirer de sa poche une ablette et deux goujons, je n'ai pu me défendre d'un mouvement de stupeur et de consternation ; je reconnais aussi qu'à la messe il lui est échappé ce que vous appelez, je crois, un canard, et que ce canard, tout absorbé que je fusse alors par la célébration du service divin, m'a frappé d'épouvante ; un instant j'ai pensé que la voûte craquait et que le clocher allait s'effondrer sur nos têtes. Mais, mon ami, ce sont là de petits accidents qui n'importent guère à la gloire de Dieu ni au bonheur des hommes, et que les évêques n'ont point charge de conjurer. Quant à la tristesse de ce brave Claude, voyons, ajouta François Paty en se grattant l'oreille, est-ce qu'il n'y aurait pas là-dessous quelque affaire de cœur, quelque inquiétude du jeune âge? Noirel, nous en reparlerons. Nos deux enfants ont grandi et se sont élevés ensemble ; j'ai dans l'idée que Dieu bénira leur union. Ils sont pauvres ; mais, grâce au ciel, ils ont une dot toute trouvée qu'ils s'apporteront l'un à l'autre, la jeunesse, la santé, la piété, l'amour de l'ordre et le goût du travail. Croyez, mon bon ami, que c'est tout ce qu'il faut pour entrer en ménage, et qu'il en est plusieurs qui se sont établis avec moins.

Pour parler franc, ce n'était point ce qui préoccupait l'esprit et le cœur de la petite vierge. Quand venait le milieu du jour, et qu'elle avait bien trotté çà et là toute la matinée, alerte, vive, alègre et la bouche épanouie en un frais sourire, Catherine montait dans sa chambre et se mettait à ses broderies, tandis que Marthe, assise auprès d'elle, filait au rouet ou à la quenouille. C'étaient alors des causeries sans fin où le nom de Roger revenait sans cesse. On commençait d'abord par passer en revue tous les détails de la visite de Monseigneur, puis peu à peu on voyait apparaître le blond et beau jeune homme qui finissait bientôt par envahir et par occuper la scène tout entière. Marthe, qui n'avait fait que l'entrevoir, ne s'en était pas moins prise pour lui d'une véritable passion, surtout à cause des trois oies et des deux carpes qu'il avait envoyées, oies et carpes dont Marthe prétendait n'avoir jamais rencontré les pareilles. En outre, il est bon d'ajouter qu'elle n'avait pas été tout à fait insensible à quelques paroles gracieuses que lui avait adressées Roger en s'arrêtant devant sa cuisine. Il fallait les entendre toutes deux causant et babillant, l'une en jouant de l'aiguille et l'autre du fuseau.

— Quelle histoire ! disait Catherine ; je vivrais cent ans que je m'en souviendrais jusqu'à ma dernière heure. On m'appelle la petite fée dans le pays ; mais, en vérité, ne dirait-on pas un des contes de fée dont tu as bercé mon enfance? Ecoute plutôt :
— Il y avait une fois un pauvre curé de village, si pauvre, si pauvre, si pauvre, qu'il n'avait plus de bas ni de soutane, et que sa petite nièce était obligée de s'en aller quêter par monts et par vaux pour les ouailles et le pasteur. Un jour il arriva que, pensant s'adresser à un seigneur bon

et charitable, la petite nièce du pauvre curé se fourvoya dans le domaine d'un ogre redouté à dix lieues à la ronde. Heureusement ce jour-là l'ogre était absent ; mais l'intendant qui ne valait guère mieux que son maître, chassa impitoyablement la petite quêteuse qui s'éloigna, pleurant à chaudes larmes, parce que son oncle n'avait pas de soutane et qu'il n'y avait pas de quoi souper à la maison. Elle pleurait ainsi, assise au pied d'un arbre, quand le fils du roi vint à passer...

— Oui, ajoutait Marthe en s'emparant à son tour du récit ; et le fils du roi frappé, ravi, émerveillé de la fraîcheur, de la grâce et de la beauté de cette douce créature...

— Non, disait Catherine en l'interrompant ; mais touché des pleurs qui coulaient en abondance le long de ses joues, il la pria d'essuyer ses yeux et de lui raconter sa peine ; ce que fit aussitôt la petite nièce du curé, en essuyant ses yeux avec le pan de son tablier. Après l'avoir écoutée...

— Avec admiration... reprenait Marthe.

— Non, mais avec bonté, s'écriait Catherine en ressaisissant vivement le fil de la narration, le fils du roi...

— Subitement épris, continuait Marthe, de tant de charme et de gentillesse...

— Quelle folie! disait en riant la petite vierge ; tu vas me faire croire que le fils du roi, à la première vue, tomba subitemeut amoureux de la petite nièce d'un pauvre curé de village !

— Certainement, certainement, répliquait Marthe en faisant tourner son fuseau entre ses doigts ; les choses ne se passent point autrement dans les contes de fée. Après l'avoir écoutée avec admiration, le fils du roi, subitement épris de tant de charme et de gentillesse, s'empressa d'envoyer, par un de ses pages, à la vieille nourrice de la belle enfant les trois plus blanches oies de sa basse-cour et les deux plus grosses carpes de ses viviers; puis, ayant pris par la main la jolie fille, il la conduisit au roi son père qui les maria, et ils vécurent longtemps, et ils eurent....

— Allons, bon ! s'écriait Catherine, j'ai cassé mon aiguille.

— Et ils eurent beaucoup...

— Tiens ! disait Catherine en penchant sa tête par la croisée ouverte, voici Claude qui paraît sur le pas de sa porte ; je ne vois encore que son nez. Dis donc, Marthe, l'as-tu observé quelquefois, le nez de Claude?

— Et ils eurent beaucoup...

— Laisse donc là tes histoire, s'écriait la petite vierge en se levant pour prendre une aiguille à sa pelotte ; tu vois bien que tout ceci n'a pas le sens commun. Comment veux-tu que le roi, qui ne connaît pas la nièce du curé et qui la voit pour la première fois, aille lui donner son fils en mariage? Ce serait bien le moins que ce monarque prît auparavant quelques informations. Et puis, nous voulions faire un conte de fée, et c'est précisément la fée qui manque à notre conte.

— Que nenni, disait Marthe, la fée n'y manque pas.

— Où donc la vois-tu, nourrice ?

— Eh ! ma mignonne, je la vois sur ta

chaise, répondait la bonne Marthe qui regardait Cathérine en souriant.

Tandis qu'elles jasaient ainsi en toute innocence, le fil s'enroulait autour du fuseau, et les fleurs d'un blanc mat s'épanouissaient en relief sur la pièce de batiste que Catherine tenait entre ses doigts. La petite vierge travaillait assise dans l'embrasure de la fenêtre, et, sujet d'éternelles distractions pour Claude, on pouvait voir du dehors sa tête qu'encadraient des bordures de liserons et de pois de senteur. Dans une des encoignures de la croisée, il y avait un nid d'hirondelles, et la couvée, nouvellement éclose, mêlait ses petis cris au babil des deux femmes. Pendant ce temps quelques marmots, trop jeunes encore pour pouvoir assister aux leçons de Claude, jouaient sous le porche de l'église ; le vicaire traversait la place d'un air affairé ; le petit Jean sonnait la cloche, soit pour l'*angelus,* soit pour quelque agonie ou pour quelque baptême; un fermier des environs traversait le village au pas de son bidet ; de loin en loin un mendiant, courbé sous les ans et sous son bissac, s'arrêtait à la porte du presbytère. Tels étaient les incidents qui interrompaient parfois l'entretien de Marthe et de Catherine. Il n'était pas question seulement de Roger ; on parlait bien aussi de Monseigneur, de la Saint-Sylvain et de tout ce qui se rattachait à ce grand jour ; mais ce n'étaient qu'autant de détours pour revenir au jeune et beau vicomte, qui avait joué d'ailleurs un rôle trop important dans cette histoire pour n'en point absorber naturellement toute la partie poétique et tout l'intérêt romanesque ; car il faut reconnaître que ce jeune homme, sans y songer et sans le vouloir, avait fait à Monseigneur de Limoges une fâcheuse concurrence, et qu'en réalité c'est lui qui s'était trouvé le héros et le lion de la fête.

— Voyons, disait parfois Catherine, M. Noirel et ce bêta de Claude se sont moqués de moi, parce que tout d'abord j'ai cru sérieusement que c'était un prince du sang. Mais toi-même, ma vieille Marthe, ne l'aurais-tu pas cru comme moi ? Penses-tu qu'un fils de roi se fût montré pour nous plus généreux et plus charitable ? T'es-tu jamais fait une plus magnifique idée d'un Dauphin ?

— Dam ! écoute donc, ma mignonne,

répondait Marthe un peu embarrassée, je n'en ai jamais vu, moi, des dauphins ; mais ce que je crois pouvoir bien affirmer, c'est qu'il n'est pas de rois ni d'empereurs qui aient de plus belles oies dans leurs poulaillers et de plus belles carpes au fond de leurs étangs.

— Les oies et les carpes ne prouvent rien, disait Catherine ; mais as-tu vu ses mains, par exemple ? Imagine-toi, Marthe, qu'il a des mains si petites qu'elles tiendraient toutes deux dans le creux d'une main de Claude, et si blanches, si blanches...

— Ah ! ma mignonne, s'écriait Marthe, il n'est pas possible que ses mains soient plus blanches que ne l'étaient les plumes de ses oies.

— Si blanches, reprenait Catherine, que

j'en étais jalouse en les regardant. As-tu remarqué ses cheveux? Quand le soleil les éclairait, on eût dit des flots d'or ruisselant le long de ses tempes. Ses yeux sont comme deux bleuets au milieu d'un champ d'épis mûrs; sa voix est douce comme les soupirs du vent dans les aulnes. Et qu'il a l'air fier et superbe, alors même qu'il parle avec bonté et sourit avec bienveillance! On jurerait que son front attend une couronne. Quant à sa taille, je crois en vérité qu'elle est presqu'aussi mince que la mienne, ajoutait la petite fée en serrant la boucle de sa ceinture.

— Dam! disait Marthe, on ne peut pas nier que ce ne soit un bien joli monsieur.

— Et si bon! s'écriait Catherine en s'exaltant dans sa reconnaissance; si bon, si généreux! faisant le bien sans bruit et avec tant de grâce ! Sans lui, nourrice que serions-nous tous devenus ? Un vicaire sans surplis ! un curé sans aube ! un cellier sans vin ! pas un couvert d'argent pour Monseigneur ! pas le plus simple caneton à mettre à la broche ! Eh bien ! il a tout prévu, il a pourvu à tout. Ah ! ce doit être le plus noble cœur qui ait jamais battu sous le ciel.

— Oui, ajoutait Marthe après quelques instants de réflexion silencieuse, c'étaient bien certainement les plus grosses carpes que j'aie jamais vues de ma vie.

Quand il avait fini sa classe et congédié ses élèves dont la sortie bruyante remplissait le hameau de cris, de disputes et de tapage, Claude venait prendre part à ces entretiens qui achevèrent de lui mettre la mort dans l'âme, car Marthe et Catherine n'y entendaient point malice, et ne se gênaient pas devant lui pour exprimer leurs sentiments. Il se retirait dans un coin et gardait le plus souvent un morne et farouche silence, d'où la petite fée avait bien de la peine à l'arracher.

— Eh bien ! Claude, lui disait-elle de loin en loin, tu es triste ; qu'as-tu, mon ami ?

Et de temps à autre elle se levait, s'approchait de lui et lui faisait quelque caresse familière, tantôt lui pinçant le nez ou le menton, tantôt plongeant ses mains dans sa jaune et rude crinière. Claude se laissait faire comme un bon chien et tournait alors vers sa petite amie un œil doux, tendre et reconnaissant. Chose étrange! quand il regardait ainsi Catherine, Claude n'était plus laid; son cœur tout entier passait sur son visage, et il y avait dans l'expression de ce regard je ne sais quoi de si adorablement bon que toute sa personne en était comme transfigurée. Son front s'éclairait, ses yeux s'illuminaient, et, par un de ces miracles qu'il n'appartient qu'à l'amour heureux d'opérer, son nez se détendait et prenait insensiblement des lignes plus correctes et moins tourmentées. Malheureusement ce n'était qu'un rayon, ce n'était qu'un éclair, qu'il fallait se hâter de saisir au passage. Du plus loin qu'il voyait poindre l'image de Roger, Claude retombait dans son ombre; son front se voilait, ses yeux s'éteignaient dans leur orbite, et ce diable de nez, comme le poing d'Ajax défiant les dieux, se remettait à menacer le ciel.

Le soir réunissait sur la terrasse de la cure François Paty, le vicaire, les deux Noirel, Marthe, Catherine, tout notre petit monde enfin. Là, l'on causait encore de Roger ; car, depuis l'apparition de ce jeune homme dans le banc seigneurial, le comte des Songères et son fils étaient l'unique sujet des conversations dans le pays. Tous les souvenirs s'étaient réveillés en foule ; on se rappelait qu'en effet la comtesse avait laissé un fils tout enfant, et les anciens du village s'accordaient à dire que ce jeune Roger était la vivante image de sa mère. Marthe et Noirel se souvenaient très bien d'avoir vu plusieurs fois, le dimanche à la messe, une jeune dame au front pâle, à la taille brisée, aux yeux brûlés de larmes. Le retour du comte venait d'exhumer et de raviver tous les bruits qui avaient couru autrefois sur la mort de sa femme. François Paty, qui savait seul à quoi s'en tenir, ne s'expliquait là-dessus qu'avec une extrême réserve; mais tout ce qu'il disait excitait au plus haut point la curiosité de Catherine. L'aimable fille pleurait sur la destinée de cette noble créature moissonnée avant la saison, et ce qu'elle entendait raconter du comte des Songères la faisait frissonner d'épouvante.

Cependant, près de quinze jours s'étaient écoulés depuis la Saint-Sylvain; Roger n'avait point reparu. Claude commençait à respirer et à se sentir plus à l'aise. Il se disait que ce jeune homme était sans doute reparti pour l'Allemagne, d'où il était venu, et le seul regret de l'honnête Claude était que l'Allemagne, ne fût pas plus loin, au diable, ou pour le moins tout au fond de la Sibérie. Déjà l'on pouvait remarquer en lui une sensible amélioration, et il venait, au grand désappointement des envieux, de ressaisir le sceptre du lutrin, quand tout d'un coup il fut obligé de reconnaître qu'il avait, comme on dit, compté sans son hôte.

On était aux premiers jours de juin. Seule dans sa chambre, Catherine brodait à sa place accoutumée, auprès de sa fenêtre ouverte ; Marthe, qui la veille avait fait la lessive, était occupée dans le jardin à étendre son linge sur des ficelles. Il faisait une journée brûlante. Le ciel était en feu, et les rayons embrasés du soleil tombaient sur la terre comme des flots de métal en fusion. Les oiseaux se taisaient, les fleurs se penchaient sur leurs tiges, et les lianes qui encadraient la croisée de Catherine, pétillaient et se tordaient comme du sarment dans une fournaise.

Catherine elle-même souffrait. Pour la première fois de sa vie peut-être, elle se sentait triste, inquiète, nerveuse, agacée. Elle avait laissé sa broderie s'échapper de ses mains, et, accoudée sur l'appui de la fenêtre, ses doigts blancs perdus sous les nattes de ses cheveux, elle rêvait, la belle enfant, nous ne saurions trop dire à quoi ;

la petite vierge n'aurait pu le dire elle-même. Ce qu'il y a de sûr, c'est qu'il fallait que la rêverie dans laquelle notre petite amie était plongée depuis plus d'une heure, fût bien sérieuse et bien profonde, puisque Catherine n'entendit pas le galop d'un cheval qui s'arrêta brusquement sur la place de l'église. Ce ne fut qu'au bout de quelques instants qu'en relevant sa brune tête, elle aperçut, devant le presbytère, Roger qui n'avait pas encore mis pied à terre et qui la regardait en souriant.

En même temps, Claude était sorti de sa classe comme un loup de sa tanière, et le fils du marguillier se tenait sur le pas de sa porte, l'œil en feu et le poil hérissé.

Si j'avais l'insigne et rare honneur d'être un grand peintre, je voudrais faire un petit tableau de ceci, et je laisserais une toile charmante au lieu d'une page médiocre. D'un côté, l'église rustique, avec son clocher en aiguille et son auvent de tuiles où piétinent, sur le velours bruni des mousses, une bande de pigeons au plumage irisé. En face, le presbytère avec sa fenêtre festonnée de plantes grimpantes ; dans l'encoignure un nid d'hirondelles, et sur l'appui. Catherine accoudée, rêveuse, pareille à l'une de ces belles vierges que les peintres de l'école flamande encadraient dans des guirlandes de fleurs, de fruits et d'oiseaux. Devant la cure, sur la place inondée de soleil, Roger ayant lâché la bride sur le col de sa monture et contemplant dans une muette extase la brune et jolie tête, tandis que le cheval, couvert de sueur, fouille de ses naseaux fumants le sable embrasé pour y chercher un peu de fraîcheur. Du côté opposé à l'église, la rue du village, s'enfonçant et se perdant sous des massifs de sureaux et de chèvre-feuilles; quelques poules picorant à l'ombre, autour d'un coq orgueilleux et superbe; sur le seuil d'une porte, Claude, jaloux et l'œil inquiet; enfin, derrière lui, par la porte entr'ouverte, une grappe de minois lutins et barbouillés, guettant le départ du maître pour pouvoir s'esquiver à leur tour et détaler le long des haies, comme une compagnie de perdreaux.

Tandis que Catherine s'entretenait avec Marthe du jeune et beau Roger, Roger, de son côté, avait employé tous ces derniers jours à causer avec lui-même de la petite fée. La gracieuse image l'avait accompagné dans sa retraite, et le souvenir des douces joies qu'il avait goûtées à la cure s'était mêlé comme un bon parfum à sa vie solitaire. Ç'avait été, nous l'avons dit déjà, les premières joies de ce genre qu'il eût connues et savourées ; naturellement tendre, son âme en était restée tout heureuse et toute charmée. En se laissant aller au penchant de son cœur, il serait retourné à Saint-Sylvain dès le lendemain de la fête ; mais il était de ces esprits poétiques et contemplatifs qui ne craignent rien tant que de brusquer la destinée, s'attardent volontiers aux débuts de la passion, et se complaisent nonchalamment dans la rêverie du bonheur.

D'ailleurs, nous pourrions dire de ce jeune homme ce que nous avons dit déjà de Catherine : rien ne prouvait qu'il aimât, et, s'il aimait, nul au monde n'aurait pu l'affirmer, lui-même moins encore qu'aucun autre. Il est bien vrai pourtant que tout en lui était changé, et qu'autour de lui tout semblait avoir pris une face nouvelle. Cette ardente mélancolie que nous avons signalée plus haut, et qu'avaient développée le silence des champs, la solitude et la liberté, venait de se transformer en un sentiment plus calme, plus serein et mieux défini; toutes ces jeunes facultés que nous avons vues s'agiter sans but dans le vide et se consumer dans l'isolement, venaient enfin de s'abattre et de se poser comme un essaim d'abeilles sur un parterre en fleurs.

Lorsqu'en relevant la tête, Catherine aperçut Roger qu'elle n'avait pas revu depuis la fête de saint Sylvain, par un mouvement irréfléchi, elle croisa ses deux petites mains comme pour prier, et la bouche souriante, elle resta quelques instants debout, immobile, à regarder le jeune homme qui la regardait. Puis tout d'un coup, s'échappant comme une gazelle, elle descendit quatre à quatre les marches de l'escalier et courut à Marthe qui étendait son linge dans le jardin.

— Marthe, Marthe, s'écria-t-elle, voici M. Roger qui vient d'arriver à cheval. Vite, nourrice, occupe-toi de ton dîner; car, par la chaleur qu'il fait, ce jeune homme ne s'en ira qu'à la nuit tombante et nous ne devons pas lui donner à penser qu'on ne dîne à la cure que lorsqu'il y pourvoit lui-même. Fais de ton mieux, ma bonne Marthe, et je t'aimerai bien, ajouta-t-elle en lui sautant au cou, et en l'embrassant avec effusion sur les deux joues.

Sans donner à Marthe le temps de répondre, elle prit sa volée pour aller recevoir Roger qu'elle trouva dans la cour du presbytère. Elle l'introduisit aussitôt dans une grande salle où le soleil ne pénétrait que par la jointure des volets fermés ; puis, tandis que le jeune homme s'essuyait le front avec son mouchoir de fine batiste, elle disparut et revint bientôt tenant à la main une assiette propre et luisante sur laquelle trônait un grand verre rempli de cidre et couronné de mousse pétillante.

— Je vous dois la vie, s'écria Roger après avoir vidé le verre d'un seul trait; j'ai cru que je fondrais en route.

— Oui, dit Catherine, vous voilà tout en nage. Aussi, pourquoi avoir attendu cette journée brûlante ? Il a fait si beau et si doux tous ces jours ! On vous espérait ici, et, ne vous voyant pas venir, on pensait que peut-être vous ne reviendriez plus. Vous ne vous en retournerez point par cette chaleur, ajouta-t-elle ; vous dînerez avec nous : mon oncle sera tout joyeux de vous voir. Il est parti ce matin pour aller administrer un pauvre malade ; nous l'attendons d'un instant à l'autre.

— A quoi donc pensiez-vous tout-à-l'heure, accoudée sur votre fenêtre ?

— Je ne pensais pas.

— Vous rêviez ?

— Je rêvais, je ne sais à quoi.

— Je vous ai troublée ?

— Oh ! non pas. J'étais triste : je crois que je souffrais. Tout d'un coup je vous ai aperçu, et cela m'a fait plaisir. Vous avez été si bon pour nous tous !

— Moi ! dit Roger : je n'ai rien fait pour vous. C'est vous au contraire, mademoiselle, qui, sans en vous douter, avez tout fait pour moi. J'étais seul : inutile à tous, inutile à moi-même, je menais au fond de ces campagnes une existence morne et ennuyée. Vous m'êtes apparue, et je ne saurais dire par quel enchantement tout a changé dès lors dans ma vie. C'est donc ici, ajouta-t-il, que s'écoulent vos jours silencieux ! Quelle que soit la destinée que le sort me réserve, partout et toujours j'emporterai votre douce image, et je n'oublierai jamais que c'est sous le toit que vous habitez, que j'ai pour la première fois entendu parler de ma mère.

Ils en étaient là de leur conversation à peine entamée, quand la porte s'ouvrit sans bruit, et Claude, rasant la muraille comme une chauve-souris, se glissa furtivement à côté de la petite vierge, qui ne put se défendre, en l'apercevant, d'un léger mouvement d'impatience et d'humeur. Ainsi la cruelle enfant, naïvement, sans songer à mal, commençait déjà de s'irriter, à son insu, de l'assiduité de son vieux compagnon ! Il y a dans l'amour, même dans l'amour qui ne fait que de naître et ne se connait pas encore, un naïf et monstrueux égoïsme devant lequel le penseur ne s'est jamais arrêté sans un sentiment d'épouvante. Voyez cette jeune et belle créature : elle compte seize années à peine; la grâce réside sur son front et la bonté dans son sourire. Savez-vous que de soins a coûtés cette tête charmante? Elle est l'orgueil du foyer, la joie de la maison : tout s'anime, s'égaye et s'embellit de sa présence. Son père la contemple avec adoration ; le cœur de sa mère n'est pour elle qu'un chant de fête ; elle a de vieux amis qui la bénissent comme un second printemps dans leur vie. Cependant vienne à passer un inconnu, et que l'amour, comme une étincelle, jaillisse du choc de deux regards : parents, amis n'existent plus; le passé n'est compté pour rien; et voici que bientôt, pour cette fille adorée, bonheur et joie de la famille, il n'est désormais au monde qu'un seul être, celui dont quelques jours auparavant elle ignorait le nom et ne soupçonnait pas l'existence. J'ai dit, ou j'ai lu quelque part, que l'amour est le premier chapitre du grand livre des ingratitudes.

L'apparition de Claude changea brusquement le ton de l'entretien. On parla de choses et d'autres, de la visite de Monseigneur, dont le souvenir préoccupait encore vivement les esprits, de la chaleur du jour, de la sécheresse de la saison, de la coupe des foins, des espérances de la moisson et de l'avenir des petits pois. Sur toutes ces questions, Roger trouva le moyen de jaser avec esprit, grâce et gaîté, tandis que Claude, debout auprès de Catherine, muet, immobile, examinait avec un sentiment d'indicible souffrance le costume élégant et l'attitude aisée du jeune cavalier, sa cravate de soie nouée négligemment autour de son col, les mille plis de son pantalon blanc pressés autour de sa taille flexible, l'acier brillant de ses éperons, le cuir souple et verni de ses bottes, une de ses mains gantée comme la main d'une duchesse, l'autre nue, blanche et délicate, jouant avec un jonc mince et fin que Roger portait en guise de cravache. Tous ces détails n'échappaient pas non plus à la petite vierge qui, sans y songer, en subissait le charme encore tout nouveau pour elle. Claude souffrait, mais il était là. Que devint-il, quand la porte s'ouvrant tout d'un coup, il vit son auguste père se précipiter dans la salle, les poings fermés, pâle de courroux.

— Ah! pendard! ah! fainéant! c'est donc ainsi que tu fais ta classe? s'écria le marguillier en prenant son fils au collet. Voici donc, maître gueux, les beaux exemples que tu donnes à tes élèves! Voici comment tu justifies ma confiance et celle des pères de famille! A l'école, malheureux! à l'école! répéta-t-il en s'efforçant de l'entraîner.

— Papa!.. s'écria Claude avec un sourd rugissement.

Puis, sur un regard de sa petite amie, doux et résigné comme un mouton qu'on mène à la boucherie, humble et l'oreille basse comme un chien qu'on renvoie à la niche, il s'essuya l'œil avec sa manche et sortit les mains dans ses poches.

— Pauvre Claude! s'écria Catherine en le suivant des yeux.

— Je sais que vous l'aimez dit Roger avec un sentiment jaloux.

— Comment ne l'aimerais-je pas? repartit la petite vierge. Je n'ai guère compté de jours où il ne m'ait donné quelque preuve touchante de tendresse et de dévoûment.

— Si ce qu'on dit est vrai, repartit Roger, je ne connais personne qui ne s'estimât heureux de vous être dévoué à ce prix.

— Et que dit-on, Monsieur? demanda la petite fée.

— Que monsieur Claude est votre fiancé, répliqua le jeune vicomte, et que vous êtes promis l'un à l'autre.

— Lui, Claude, mon fiancé! s'écria Catherine : pauvre garçon ! répéta-t-elle aussitôt en souriant.

Dans la façon dont furent dits ces deux mots : *pauvre garçon*, il y eut un démenti si formel donné aux propos qui couraient dans le pays, que Roger, sans trop savoir pourquoi, en tressaillit de joie et que Catherine lui en parut plus belle.

En cet instant on entendit le pas d'Annette qui s'arrêtait à la porte du presbytère, et presqu'aussitôt l'on vit entrer François Paty qui fut tout joyeux, ainsi que l'avait prédit sa nièce, de trouver Roger à la cure. Il lui serra les deux mains avec affection, et le reste de la journée s'écoula en causeries tendres et familières. On dîna gaiement sur la terrasse. Quoiqu'eût pu faire la bonne Marthe, le repas ne fut guère somptueux; en revanche, les cœurs étaient joyeux et contents. Roger trouva tout délicieux et s'extasia hautement sur les galettes de blé noir que Marthe servit au dessert, ce qui acheva de lui gagner les bonnes grâces de la vieille nourrice. Au coucher du soleil, on s'alla promener sur le bord de la Creuse, et, quand le jeune vicomte partit pour Bigny, il y avait déjà longtemps que les étoiles scintillaient au plafond du ciel.

Dès lors, il ne se passa point de semaine où Roger ne visitât trois fois au moins le presbytère, sans s'apercevoir qu'il était surveillé de près par maître Robineau, qui ne cherchait qu'une occasion de se venger en même temps du jeune vicomte et de la nièce du curé. Dès les premiers jours qui avaient suivi le retour de Roger au château de Bigny, une sourde inimitié, fondée sur des antipathies réciproques, s'était établie entre le jeune vicomte et le vieil intendant. Maître Robineau, on le concevra sans peine, n'avait rien qui dût agréer à Roger, et, pour sa part, il n'avait pu voir, sans un vif mécontentement, l'installation de ce jeune homme dans ce domaine où, depuis vingt ans, il jouissait, lui Robineau, d'une autorité à peu près souveraine. A dater du jour où Roger l'avait tancé vertement pour la façon dont il s'était permis de recevoir la jolie quêteuse, ce mécontentement avait pris insensiblement un caractère plus franc, plus net, plus accusé, et bref, c'était devenu une belle et bonne haine dans laquelle la petite vierge se trouva nécessairement impliquée. Ajoutez que Robineau, faisant profession de haïr curés et vicaires, ne s'estimait jamais plus heureux que lorsqu'il pouvait, du fond de son chenil, aboyer après une robe de prêtre.

Avant d'aller plus loin, nous croyons devoir rapporter ici la lettre qu'il écrivit, après un mois d'espionnage, au comte des Songères à Paris.

« Monsieur le comte,

« Je croirais faillir à tous mes devoirs en ne vous instruisant point des choses pour le moins étranges qui se passent ici durant votre absence. Si votre prompt retour n'y vient mettre bon ordre, je ne réponds de rien, tant le mal a fait de rapides progrès.

J'aurais à vous écrire, monsieur le comte, que vos bois, vos fermes et votre château sont en feu, que je ne serais ni plus malheureux ni plus consterné que je ne le suis à cette heure du coup terrible que je vais vous porter. Vous auriez perdu votre procès que ce serait un petit désastre, comparé à celui dont vous êtes menacé. Le parti prêtre, ce parti redoutable qui enveloppe la France comme un invisible réseau, est représenté dans ce pays par le curé de Saint Sylvain, homme intrigant, d'autant plus dangereux qu'il dissimule sous une apparente bonhomie la perversité de son caractère. C'est toujours ce même François Paty de qui vous avez peut-être, monsieur le comte, conservé quelque souvenir ; les années n'ont fait que développer les mauvais côtés de son âme. Cet astucieux vieillard, que je soupçonne d'appartenir à la congrégation de Jésus, a su, à force de ruses et de fourberies, se faire aimer de toute la contrée où il exerce une véritable influence ; car, pour mieux cacher son jeu, depuis plus de vingt ans qu'il s'est abattu comme un oiseau de proie sur nos campagnes, ce vieux cafard baptise, marie et enterre pour rien ses pratiques. Ce n'est pas tout : joignant l'immoralité à l'hypocrisie, il a chez lui une prétendue nièce qui, sous prétexte de quêter pour les pauvres de la paroisse, s'en va mendiant de porte en porte et faisant servir ses dix-huit ans, son frais minois et sa fine taille à la propagation de la foi. Cette petite malheureuse est si bien renommée dans les environs pour les charmes funestes qu'elle jette autour d'elle, qu'on ne l'appelle pas autrement que la petite fée. Cela dit, vous allez voir, monsieur le comte, se dérouler sous vos yeux la plus infâme trame qu'ait jamais ourdie enfant de Loyola. Aussitôt que le bruit du retour de M. Roger s'est répandu à Saint-Sylvain, l'odieux Paty, jugeant avec raison que c'était là une proie facile, a commencé par lâcher sur monsieur votre fils sa prétendue nièce qui l'est venue relancer jusque dans ce château, et n'a pas eu de cesse qu'elle ne l'eût attiré dans la cure, ou, pour parler plus exactement, dans le repaire de son oncle. Il m'en coûte, monsieur le comte, de dénoncer un fils à son père; mais les Robineau n'ont jamais connu que leur devoir. Mon noble père, qui était huissier, avait pour devise : « Fais ce que dois, advienne que pourra. « Il mourut sur la brèche, comme il avait vécu, roué de coups de bâton dans l'exercice de son ministère. Monsieur le comte, les prêtres se sont emparés de l'esprit de Monsieur votre fils, et, si vous n'y prenez garde, si vous ne vous hâtez d'accourir, ils s'empareront de tous vos domaines. Déjà c'est le château qui défraie les prodigalités du presbytère. Le jour de la fête patronale de la commune, toutes les robes noires du département, présidées par l'évêque de Limoges, s'étant réunies, pour faire bombance, à la cure de Saint-Sylvain, M. Roger, malgré mes humbles remontrances, a pris part à cette orgie monacale dont, sans vous en douter, vous avez fait royalement les frais. Vous n'apprendrez pas sans une bien vive satisfaction que vos vins ont été trouvés exquis ;

il ne s'en est bu que trois cents bouteilles.
Au dessert, monsieur votre fils, qu'on
avait fait asseoir auprès de la petite fée, a
payé des aubes, des surplis et des soutanes
à tous les vicaires et à tous les curés du
diocèse. Vos nappes et vos serviettes me
sont revenues dans l'état le plus douloureux; je crois bien qu'il manque quelques couverts à votre argenterie. Ajoutez,
Monsieur le comte, que depuis que M.
Roger fréquente la prêtraille, tout ici
marche de travers, et qu'il ne se passe
point de jour où je ne me blesse au tran-
chant de l'épée dont on a dit si judicieu-
sement que la poignée est à Rome et la
pointe partout. Croyez-en votre respec-
tueux et dévoué Robineau; vos intérêts
sont en péril, le sol est miné sous vos pas.
Mais tout ceci n'est rien encore. Fidèle à

l'esprit d'envahissement de l'Eglise, l'insidieux Paty, désespérant, tant que vous vivrez, d'amener M. le vicomte à se dépouiller de ses biens, a eu recours à sa prétendue nièce, qui joue dans toute cette affaire le rôle de la syrène antique, dont les chants perfides attiraient au piège le voyageur imprudent et charmé. Cette petite coquine a si bien manœuvré que M. le comte a donné, tête baissée, dans le panneau. Il n'est bruit, à dix lieues à la ronde, que des amours de la nièce du curé et du fils du comte des Songères. Les méchants s'en réjouissent, les honnêtes gens s'en affligent; votre fidèle Robineau, toujours dévoué à la gloire de votre maison, en répand nuit et jour des boisseaux de larmes. Ceci, Monsieur le comte, est plus grave et plus sérieux que vous ne

-sauriez le croire. Monsieur votre fils est jeune ; il est faible, il aime et se croit aimé. De là au mariage, la distance est facile à franchir. La petite est bien dressée, fort gentille d'ailleurs et ne manquant point d'agrément. Elle et votre fils ne se quittent plus l'un l'autre ; on les rencontre à toute heure, par monts et par vaux, à pied, à cheval, glissant, comme deux tourtereaux, le long des buissons. Pas plus tard que la nuit dernière, je les ai vus, de mes propres yeux vus, cheminant côté à côté à travers les champs, roucoulant, soupirant, regardant la lune et comptant les étoiles. L'abominable Paty encourage ces folles tendresses, et, pour peu qu'on le laisse faire, il n'est pas douteux que ce jésuitique vieillard ne décide l'héritier de votre nom à conduire sa prétendue nièce au pied des autels, éclairés par les flambeaux de l'hyménée.

« Je vous ai signalé le mal ; c'est à vous, Monsieur le comte, d'appliquer le remède. Pour moi, quoique vous décidiez, j'aurai la conscience d'avoir fait mon devoir, avec cette franchise et cette loyauté chevaleresque que j'ai toujours apportées dans la conduite et dans le maniement de vos affaires.

« Recevez, Monsieur le comte, l'assurance des sentiments exaltés avec lesquels j'ai l'honneur d'être votre fidèle et dévoué serviteur.

« CASTOR ROBINEAU »
(*Ex-huissier à Felletin, département de la Creuse.*)

Cette bombe une fois lancée, le Robineau se frotta les mains et se reposa sur l'avenir du soin de sa propre vengeance.

VII

REVUE RÉTROSPECTIVE.

Cependant s'il y eut jamais sous le ciel de chastes et pures tendresses, agréables à Dieu et que les anges durent envier, ce furent, à coup sûr, celles que ce vieux scélérat de Robineau venait de dénoncer si grossièrement à la colère de son maître, sachant bien qu'au nom seul de François Paty, le comte des Songères frémirait de courroux. Or, peut-être est-ce ici le cas de raconter succinctement ce qui s'était passé, voici tantôt vingt ans, entre le curé de Saint-Sylvain et le châtelain de Bigny.

Il y avait à peine quelques mois que François Paty était arrivé dans le pays et qu'il avait pris possession de sa cure. Tout d'abord il s'était fait connaître par ses bonnes œuvres, et déjà l'on ne s'entretenait à Saint-Sylvain et aux alentours que de son ardente charité, de son évangélique tolérance et de ses vertus adorables. A cette époque, depuis longtemps atteinte du mal qui devait la plonger au tombeau, la jeune comtesse se sentait approcher rapidement du terme de son rude pèlerinage ; chaque jour qui s'écoulait lui enlevait un débris d'elle-même. Toutefois, naturellement pieuse, et profitant d'un reste de forces expirantes, elle allait encore de loin en loin entendre la messe à l'église de la commune quand son mari était absent, car le comte avait interdit à sa femme cette consolation suprême, plus impitoyable que le bourreau qui ne refuse pas les secours de la religion aux criminels qu'il conduit au supplice. Ce maître dur et cruel devait nécessairement haïr et proscrire autour de lui le culte d'un Dieu venu parmi les hommes pour consoler les affligés et pour affranchir les esclaves. Il arriva qu'un dimanche, après le service divin, la comtesse fut prise d'une telle défaillance, qu'on s'empressa sur-le-champ autour d'elle et qu'on dut la transporter au presbytère. La façon dont son mari en agissait vis-à-vis d'elle n'était dans la contrée un mystère pour personne, et tout le monde s'intéressait à cette jeune et belle infortunée. De pieuses sympathies s'établirent aussitôt entre elle et François Paty qui put lui faire plusieurs visites, comme prêtre d'abord, et bientôt comme ami, grâce à l'éloignement du comte des Songères qui était parti en laissant sa femme sous la surveillance de son fidèle Robineau. François Paty n'était pas seulement le plus excellent cœur qui fût ici-bas, c'était aussi, nous l'avons dit déjà, une âme tendre et poétique, en même temps qu'un esprit élevé. Il venait de voir sa sœur se faner, elle aussi, et mourir avant l'âge. Bien souvent il avait réfléchi avec mélancolie sur la destinée des femmes ; il s'était attendri bien souvent en silence sur ce pâle troupeau d'ombres désolées qui passent en pleurant sur la terre. En l'étayant de l'espérance de la foi, il essaya de relever la fleur mourante, inclinée sur sa tige, et peut-être allait-il, à l'aide de cette rosée céleste qui est la parole de Dieu, y rappeler la sève et la vie, quand le comte revint subitement, comme l'orage qui devait achever de la flétrir et de la briser. Sur un rapport de Robineau (nous savons comment ce Robineau s'y prenait pour faire un rapport), M. des Songères, qui avait de tout temps tranché de l'esprit fort et qui se vantait de ne s'être jamais agenouillé devant une croix ni découvert devant un prêtre, n'eut rien de plus pressé que de faire consigner à la porte du château de Bigny le curé de Saint-Sylvain, et de signifier brutalement à sa femme qu'il n'entendait pas qu'on reçût chez lui des apôtres du fanatisme, des jésuites et des cafards. La comtesse courba la tête, et désormais François Paty dut borner son rôle à prier pour elle.

A quelque temps de là, par une nuit d'hiver, comme il venait de s'endormir après avoir lu son bréviaire, le pasteur fut réveillé en sursaut par de grands coups qu'on frappait à la porte du presbytère. Il se leva et s'habilla à la hâte, pensant que c'était quelque malade qui réclamait son ministère : c'était en effet la comtesse qui se mourait. Emportant avec lui les huiles saintes et l'hostie consacrée, François Paty partit aussitôt sur le cheval qui avait amené le messager de la triste nouvelle, car, dans ce temps, il n'était pas encore question d'Annette.

Il faisait une nuit affreuse; la bise, chargée d'une pluie glacée, soufflait avec une incroyable violence ; le ciel était noir; seulement, à longs intervalles, la lune, perçant les nuées, montrait sa face blafarde et blanchissait le morne paysage. Alors les arbres du chemin prenaient des formes fantastiques; les bouleaux, qui grelottaient dans leur pelisse de satin, ressemblaient à de blancs fantômes, tandis que les chênes, dont les rameaux dépouillés s'entrechoquaient avec un bruit sinistre, avaient l'air d'immenses squelettes agités et secoués par le vent. La Creuse, qui grondait au loin, mêlait son mugissement sourd au tumulte de la tempête. Les sen tiers étaient à peine praticables, et le cheval découragé refusait à chaque instant d'avancer. François Paty priait avec ferveur et ne sentait ni la pluie ni la bise. — O mon Dieu! disait-il, faites que j'arrive assez tôt pour aider à mourir cette douce et triste créature qu'il ne m'a pas été permis d'aider à vivre! — Enfin il aperçut une lumière au prochain horizon, pâle lueur qui ajoutait encore à l'effet lugubre de cette sombre nuit, car, à de telles heures, il n'est que la douleur qui veille. C'était la fenêtre de la comtesse des Songères qui brillait ainsi dans les ténèbres comme le phare de la mort. François Paty pressa le pas de sa monture, et bientôt il mit pied à terre au bas du perron, où l'attendait un serviteur qui l'introduisit dans la chambre de l'agonisante. Peu soucieux de l'état de sa femme, le comte était depuis deux jours à la ville voisine, et quoiqu'on l'eût envoyé prévenir, il n'avait point encore paru.

La chambre dans laquelle François Paty venait d'être introduit n'était éclairée que par la braise à demi-consumée du foyer et par la clarté d'une lampe. On y respirait cette lourde et tiède atmosphère qui pèse au chevet des mourants. Étendue sur son lit, près duquel une servante veillait seule, la comtesse était immobile, plus blanche que les vêtements blancs qui l'enveloppaient déjà comme un linceul. Ses cheveux, amoncelés sur l'oreiller autour de sa tête, faisaient encore ressortir la pâleur de son pâle visage. Elle tenait ses deux bras croisés sur sa poitrine, et l'on aurait pu croire que la vie s'était entièrement retirée de ce corps affaissé, n'eût été le fébrile éclat des yeux tout grands ouverts, qui reluisaient dans l'ombre sur l'albâtre de la figure.

A peine entré, le pasteur demanda si l'on était allé chercher un médecin à la ville; mais, sur un geste de la comtesse, la servante s'étant éloignée aussitôt, la mourante demeura seule avec l'homme de Dieu.

— Mon père, dit-elle d'une voix brève en se tournant vers lui, ma dernière heure est arrivée, la mort est là, je la sens, je la vois. Ce n'est point de mon corps qu'il s'agit : près de paraître devant l'Éternel, je vous ai fait appeler pour m'occuper avec vous de mon âme.

— O ma fille, répondit le pasteur qui s'était assis auprès d'elle, s'il en est ainsi, que la volonté de Dieu soit faite! mais votre âme n'a pas besoin qu'on lui montre le chemin du ciel.

— Vous vous trompez, vous vous trompez, mon père! s'écria l'infortunée avec une fiévreuse ardeur, je ne suis pas ce que l'on pense. Parce que j'ai dévoré mes pleurs et que j'étouffais mes sanglots, on m'a cru patiente et résignée; moi-même je le croyais, hélas! et voici que, près de m'éteindre, je sens en moi la jeunesse et la vie qui se réveillent en jetant un cri de révolte. O mon ami, j'ai tant souffert! j'ai tant souffert que mon fils lui-même n'a pu me donner la force de vivre. J'ai passé comme l'ombre, mais je ne puis pas dire que je me suis flétrie comme l'herbe des prés; l'herbe de nos champs s'est fanée au soleil, et pas un rayon n'a lui sur ma journée. Et maintenant, torture non encore éprouvée! si la vertu n'était qu'un mot pourtant? si la résignation était lâche et impie? si le bonheur était le seul but où doive tendre toute créature ici-bas? Oh! le bonheur! l'amour! les tendresses mutuelles! les doux entretiens, le soir au fond des bois! les serments échangés à la clarté des nuits étoilées et sereines! Dieu cruel! si tel était le sort que vous me réserviez, pourquoi m'avez-vous fait une âme pour toutes ces félicités? Mon père, prenez pitié de moi; pacifiez mon cœur: délivrez-le, mon père, de l'affreux besoin qu'il éprouve, à cette heure suprême, de blasphémer la destinée et d'insulter aux desseins de la Providence.

Elle parla longtemps ainsi avec la sombre exaltation d'une âme avide de bonheur, et qui, près de quitter la vie, se retourne éperdue vers les rivages qu'elle voit fuir et disparaître sans qu'elle ait pu en approcher jamais. Égarée par le désespoir et par la fièvre qui la consumait, elle laissa déborder les flots d'amertume amassés dans son sein : tout ce qu'elle avait caché jusqu'alors, les maux qu'elle avait endurés, les traitements indignes qu'elle avait essuyés, le long martyre qu'elle avait subi, elle dit tout en se tordant les bras, et tandis qu'elle parlait, maudissant Dieu et les hommes, outrageant le ciel et la terre, le vent sanglotait aux portes, la pluie fouettait les vitres, les girouettes grinçaient sur leurs tringles, et François Paty, la tête penchée sur sa poitrine, écoutait en priant rempli d'épouvante.

— Mon enfant, répondit-il enfin d'une voix triste et grave, si la vie est mauvaise, ce n'est pas Dieu qu'il en faut accuser. Dieu avait tout fait pour que sa créature fût heureuse : c'est l'homme qui a méconnu les bienfaits et dénaturé l'œuvre du Créateur. Je crois qu'en effet le bonheur est le but vers lequel l'humanité s'achemine et doit tendre, souspeine de faillir à sa mission ; mais ce n'est qu'au prix de bien des épreuves et de bien des souffrances qu'elle peut espérer de rentrer dans la voie qui doit l'y conduire. Pour sortir triomphante des sentiers de son égarement, il faut qu'elle ait, comme la religion, ses martyrs. Ainsi tout ce qui souffre, gémit et pleure, concourt, sans le savoir, à ce travail mystérieux et divin. Il ne se pousse pas un cri de désespoir qui ne doive avoir un cri de joie pour écho dans l'avenir ; il ne se verse pas une larme qui ne doive un jour faire éclore une fleur. Voici pourquoi la douleur est sainte et pourquoi les larmes sont bénies ; car l'humanité est la fille de Dieu. Aimez donc vos tortures au lieu de les maudire. Des temps meilleurs viendront, vous les contemplerez du haut de la vie éternelle, et vous tressaillerez d'allégresse en entendant des chants d'amour et de délivrance monter en chœur de la terre au ciel.

Puis il trouva de douces paroles pour apaiser le tumulte et les rébellions de cette âme irritée ; il versa goutte à goutte sur ce cœur déchiré le baume des consolations chrétiennes. A mesure qu'il parlait, le calme descendait dans ce sein rempli tout-à-l'heure d'agitations et de tempêtes : déjà ce regard humecté brillait d'un éclat moins ardent. Afin de déterminer une crise amollissante, François Paty donna des ordres pour qu'on amenât le petit Roger. En effet, en voyant son fils, qu'elle couvrit de baisers passionnés, la comtesse fondit en larmes, et sa poitrine se déchargea des sanglots qui l'étouffaient. On fut obligé d'éloigner l'enfant qui, brusquement surpris dans son sommeil, et ne comprenant rien à ce qui se passait autour de lui, pleurait lui aussi, mais sans savoir pourquoi, et seulement parce qu'il voyait pleurer sa mère.

— Mon père, dit celle-ci d'une voix qui commençait à s'éteindre, je suis coupable de mourir. J'aurais dû vivre pour mon fils; je le voulais et je n'ai pu. Je me suis desséchée dans l'ennui; le chagrin a brisé mes os; mes forces ont trahi mon courage. Cher et pauvre enfant! que deviendra-t-il? Je sens avec terreur que je lui ai donné mon âme et que je vais lui laisser mon cœur; je sens que le joug de fer qui m'a meurtrie pèsera plus tard sur cette blonde tête. Mon ami, vous veillerez sur lui autant qu'il vous sera permis de le faire. Qu'il ignore toujours ce que j'ai souffert; que ma tombe ne s'élève point comme une barrière entre son père et lui. Parlez-lui de moi cependant; apprenez-lui à chérir ma mémoire. Qu'il sache que je l'ai bien aimé, et qu'il est tout ce que j'ai regretté de ce monde. Vous aussi, ajouta-t-elle en lui tendant sa main sèche et brûlante, vous aussi, je vous regrette et je vous pleure. Vous avez été bon pour cette infortunée. C'est à vous que je dois de partir calme, sereine et presque joyeuse.

— Ma fille, dit François Paty, il vous reste encore à pardonner à ceux qui vous ont fait du mal.

— Pardonner, mon père! pardonner! s'écria la malheureuse avec une nouvelle explosion de désespoir. Vous ne savez donc pas ce que j'ai enduré! vous ne savez donc pas que, depuis six ans que j'ai franchi le seuil de cette maison maudite, ces lèvres qui vous parlent n'ont pas souri une seule fois; que ces yeux qui vous regardent se sont brûlés dans les larmes; qu'il ne s'est pas écoulé une heure où ce cœur, près de se glacer, n'ait été abreuvé d'outrages! Vous ne savez donc pas, vous ne voyez donc pas que j'en meurs!

— Est-ce là, ma fille, répondit le pasteur, l'âme calme et sereine que vous allez remettre entre les mains de l'Éternel? Le Christ sur la croix a prié pour ses ennemis. Le pardon, ma fille, est divin. C'est l'onde qui lave nos blessures, c'est l'essence qui les purifie; c'est par le pardon seul que l'offrande de nos maux peut devenir un présent agréable à Dieu. D'ailleurs, ô mon enfant! quel être assez vain ou assez parfait oserait se flatter de n'avoir pas à son tour besoin d'indulgence? Pardonnons ici-bas, pour qu'il nous soit pardonné là-haut.

La comtesse demeura silencieuse, et

l'on aurait pu voir sur son visage sombre les luttes qui se livraient en elle. Enfin, après quelques minutes de combats intérieurs et de recueillement, ses traits se détendirent, sa figure s'éclaircit, et son front parut s'illuminer de l'auréole des élus.

— Pardonnez-moi, Seigneur, et pardonnez-lui comme je lui pardonne! s'écria-t-elle avec onction en levant ses bras vers le ciel.

Après qu'il eut administré le dernier sacrement en présence de quelques serviteurs agenouillés autour du lit mortuaire, le pasteur demeura seul avec la mourante qui commençait à décliner visiblement. Il avait repris sa place au chevet, et il continuait de répandre de pieuses paroles sur cette âme prête à s'envoler. Quant il s'interrompait pour prier en silence, la jeune femme lui disait d'une voix douce et faible :

— Parlez, parlez, mon père, vos paroles me font du bien.

Alors François Paty, reprenant ses discours, lui montrait le ciel qui s'ouvrait pour la recevoir. La comtesse était calme, et parfois un vague sourire passait sur ses lèvres décolorées, comme si déjà elle voyait blanchir l'aube de la nouvelle vie.

Vers le matin, au moment où la lueur de la lampe pâlissait à la clarté du jour, Madame des Songères, qui, depuis plusieurs heures, n'avait pas dit un mot ni fait un mouvement, se dressa tout d'un coup sur son séant, et, les bras tendus, le visage radieux et la voix éclatante :

— Mon père, s'écria-t-elle, voici les anges qui viennent me chercher !

A ces mots, comme un lys brisé qui s'affaisse, elle retomba doucement sur sa couche, et, s'étant penché pour recueillir son dernier souffle, François Paty vit qu'elle était morte.

Presque au même instant, des pas précipités retentirent dans le corridor, la porte de la chambre s'ouvrit brusquement, et le comte entra en habit de chasse, botté, éperonné, le chapeau sur la tête et la cravache au poing.

— A genoux, monsieur, à genoux ! s'écria le pasteur d'une voix foudroyante. A genoux devant Dieu ! à genoux devant ce corps sans vie qui renferma l'âme d'une sainte et d'une martyre ! à genoux devant les dépouilles mortelles de la céleste créature qui vous a pardonné avant d'expirer !

Le comte s'était arrêté au milieu de la chambre, pâle et frémissant de courroux; mais, dominé par cette voix et comme écrasé par le geste qui l'accompagnait, il se découvrit machinalement, mit un genou en terre et courba le front, tandis que

François Paty se retirait lentement, triste, grave et recueilli.

On se souvient que M. des Songères partit le lendemain des funérailles. Rien ne le retenait dans ces lieux qu'il n'avait aucune raison d'aimer, où il se sentait haï et qu'il n'aurait peut-être jamais revus, si, vingt ans après, il ne se fût avisé d'un expédient qui devait le débarrasser, du même coup, de son fils qui le gênait, et d'un procès de famille qui traînait depuis longtemps et remettait en question la propriété du château et du domaine de Bigny.

Je devrais ici parler un peu longuement de cette affaire, en montrer l'origine, en démêler les fils, et, à ce propos, émailler mon récit de quelques fleurs de procédure.

Malheureusement, ayant toujours vécu dans une pieuse ignorance et dans une sainte horreur des choses de la chicane, il n'est pas de saute-ruisseau, entré depuis hier seulement dans l'étude d'un avoué ou dans la bauge d'un huissier, qui ne fût plus apte que moi à débrouiller toute cette histoire. Qu'il suffise de savoir que ce procès était intenté par la propre sœur du comte des Songères, qui s'était mésalliée en épousant un monsieur Barnajon, homme d'argent, mort depuis peu d'années au champ-d'honneur, c'est-à-dire à la Bourse, d'une attaque d'apoplexie causée par une baisse imprévue de fonds. Il paraîtrait que le comte, grand dissipateur en sa jeunesse, avait eu recours plus d'une fois à la caisse du Barnajon, si bien que la veuve, qui appuyait d'ailleurs ses préten tions sur d'autres titres, se crut un beau jour en droit de faire exproprier son bien-aimé frère. Une rupture s'ensuivit naturellement et les hostilités commencèrent. La guerre une fois déclarée, madame Barnajon y apporta d'autant plus d'acharnement que le comte, tout en prenant les écus du mari, s'était amèrement raillé de sa roture, qu'elle-même en souffrait, et que rien ne souriait plus à son orgueil que de rentrer en souveraine dans le manoir de ses aïeux. En outre, elle y était poussée par mademoiselle Malvina, sa fille, grande personne, âgée de dix-huit ans, qui se mourait du désir d'avoir un château seigneurial et d'ajouter un titre à son nom, en attendant qu'elle pût le changer pour celui d'un mari gentilhomme. Un titre et des armoiries, tel était le rêve printanier de mademoiselle Malvina Barnajon.

Cette petite guerre, dont le frère et la sœur faisaient tous les frais, durait depuis plusieurs années à la vive satisfaction du fisc et des gens de loi. Or, ce n'était pas la seule préoccupation de ce genre qui troublât le comte des Songères dans son ménage d'Allemagne. Il y avait longtemps que son fils avait atteint l'époque de sa majorité. Roger pouvait d'un jour à l'autre demander compte de la fortune de sa mère ; il fallait même que ce jeune homme fût aussi ignorant ou aussi détaché qu'il l'était des intérêts de la vie positive, pour n'y avoir point encore songé. Toujours est-il que le comte ne pouvait qu'à ce prix se délivrer de la présence de Roger et s'affranchir vis-à-vis de lui de toute responsabilité paternelle. Les choses en étaient là, lorsqu'il lui vint en tête qu'un mariage entre son fils et sa nièce applanirait toutes les difficultés et le tirerait de tous ces embarras. Marier Roger avec Malvina, lui constituer pour dot le domaine en litige, éteindre ainsi deux dettes à la fois, l'idée était bonne à coup sûr; il ne s'agissait plus que de l'exécuter. C'est à ces fins que M. des Songères partit un beau matin pour la France, et qu'il se rendit à Paris après n'être resté qu'une ou deux journées au château de Bigny. L'entreprise était périlleuse; mais le comte ne désespérait pas de la mener à bien, d'après la connaissance qu'il avait des faiblesses d'esprit de sa sœur. Quant à la volonté de Roger, il ne s'en souciait nullement, habitué qu'il était à la ployer comme un roseau ou à la pétrir comme un bloc de cire.

Pour en revenir au bon curé de Saint-Sylvain, on s'explique à présent la joie qu'il ressentit en apprenant le retour de Roger, et son émotion en voyant ce beau jeune homme qu'il avait une nuit tenu tout enfant entre ses bras. Il avait pensé bien souvent à lui, depuis cette nuit de lugubre mémoire; bien souvent il s'était demandé où les vents avaient poussé ce frêle rameau séparé de sa tige; il avait bien souvent appelé les bénédictions du ciel sur cette jeune tête qu'il se souvenait d'avoir pressée contre son cœur, tout humide et toute brûlante des pleurs et des baisers de sa mère. On comprend l'empressement qu'il mit à l'attirer à la cure, avec quelle sollicitude il dut étudier cette âme et cette intelligence dont le soin et la direction lui avaient été solennellement confiés, avec quel charme il dut reconnaître chez ce jeune homme les vertus de l'adorable créature dont il avait reçu autrefois les derniers adieux et le dernier soupir. Quant à la possibilité d'un amour entre sa nièce et le fils du comte des Songères, le pauvre saint homme n'y songea même pas. La petite vierge ne lui représentait qu'une enfant, et d'ailleurs il y avait sous les cheveux blancs du pasteur autant de candeur et d'innocence que sous la brune et blonde chevelure de Catherine et de Roger.

VIII

JOURS HEUREUX.

Maintenant, si l'on demandait par quel enchantement il arriva que ces deux jeunes gens s'aimèrent, je demanderais à mon tour par quel enchantement il aurait pu en arriver autrement. Dans la situation où se trouvait Roger, rêveur, ennuyé, solitaire, tourmenté par sa jeunesse qu'irritaient le silence des champs et l'éclat de la verte saison, turbulent, inquiet, ne sachant que faire de l'activité de son être et de la liberté que lui laissait l'absence de son père, ce jeune homme devait nécessairement aimer la première femme un peu heureusement douée que le hasard jetterait sur son chemin. Depuis son retour, il n'avait encore entrevu que des vachères et des gardeuses de moutons, beautés champêtres que toute l'imagination du héros de la Manche n'aurait pas suffi à transformer en dulcinées, lorsqu'il rencontra la petite fée. C'était plus qu'il n'en fallait pour occuper cet esprit qui ne cherchait qu'une distraction, et pour enflammer ce cœur qui n'attendait qu'une étincelle. Quant à l'amour de notre petite amie, il s'explique si naturellement qu'on peut se dispenser d'insister là-dessus, surtout si l'on songe que Claude était ce que Catherine avait connu jusqu'alors de plus séduisant. Ils s'aimèrent d'abord sans le savoir et sans y rien comprendre. Comme deux ruisseaux, pareillement clairs et limpides, qui mêlent leurs eaux et n'offrent plus qu'une nappe de cristal où le ciel se mire, ces deux enfants mêlèrent peu à peu leurs idées et leurs sentiments, et bientôt leurs âmes se fondirent en une seule, si pure et si transparente, qu'on aurait pu voir l'amour s'y former comme une perle au fond. On eût dit que Dieu les avait créés l'un pour l'autre, à ce point qu'au bout d'un mois à peine, ils pensaient avoir grandi ensemble, joué autour du même berceau et ne s'être jamais quittés. Sans doute il y avait loin de la grâce naïve de la petite vierge à l'exquise élégance du jeune vicomte; mais Catherine joignait à un vif instinct des choses poétiques une distinction naturelle qui lui venait du cœur, et c'était précisément le parfum agreste et même un peu sauvage qu'elle exhalait qui ravissait Roger, tandis qu'au contraire l'aimable et simple fille s'était laissé prendre au charme plus correct du brillant cavalier. C'est ainsi qu'il y avait entre eux, dans une mesure à peu près parfaite, les contrastes et les rapports qui nouent les sympathies et cimentent les tendresses mutuelles; ils se complétaient l'un par l'autre.

Sauriez-vous rien de plus gracieux et de plus charmant que ces débuts de la passion entre deux jeunes cœurs qui frissonnent en même temps au premier souffle de l'amour, comme deux fleurs à peine écloses qui s'entr'ouvrent à la même brise et s'épanouissent au même rayon matinal? Premiers tressaillements des âmes virginales! trouble mystérieux des sens qui s'ignorent! frais enchantements des premières rencontres! premiers bégaiements du bonheur! Il n'est pas, dans l'atmosphère étouffée des cités, de retraite si triste et si sombre qui ne puisse s'égayer et s'éclairer à la lueur de ces douces joies; mais ceux-là seuls en connaissent l'ivresse, qui les ont goûtées sous un ciel vaste et pur, qui les ont mêlées à toute la nature et les ont imprégnées de la senteur des bois. Heureux donc les amants qui ont abrité dans le creux des vallées le poëme de leurs tendresses, et qui l'ont chanté à l'ombre des forêts, au murmure du feuillage et de l'onde! Ils auront beau vieillir; il est des parfums qui rappelleront autour de leur front incliné tout un essaim de rêves dispersés, et les concerts de la création leur arriveront encore, au déclin de la vie pâlissante, comme un écho lointain des hymnes de leur jeunesse.

Ce furent en effet d'heureux jours. La saison était belle. Roger partait à cheval au lever du soleil, et mesurait en quelques heures la distance de Bigny à Saint-Sylvain, tandis que Catherine, éveillée, elle aussi, dès l'aube naissante, allait tour-à-tour de sa croisée à la porte du presbytère, et parfois s'aventurait furtivement, sous quelque prétexte qu'elle ne s'avouait pas à elle-même, jusqu'aux abords du sentier d'où elle pouvait voir Roger poindre comme une étoile au détour de la haie. Celui-ci allait toujours escorté de ses chiens, qui, habitués déjà aux caresses de Catherine, ne manquaient jamais, aux approches du village, de prendre les devants et de courir à la jeune fille, du plus loin qu'ils l'apercevaient, pour gambader autour d'elle et lui lécher les mains et les pieds. Chacun de ces jours passait comme un songe, je ne saurais trop dire comment. Voici pourtant de quelle façon s'écoulèrent quelques-unes de ces journées : ce ne furent ni les moins enchantées ni les moins charmantes.

C'était peu de temps après la Saint-Sylvain ; Roger n'avait encore reparu que deux ou trois fois à la cure. Un dimanche, à la sortie de la messe, au moment où

Claude, tout fier d'une veste neuve et d'un pantalon neuf qu'il avait arrachés à l'avarice du papa Noirel, s'approchait de Catherine pour la reconduire au presbytère, le jeune vicomte, qui venait, lui aussi, d'assister au service divin, offrit le premier son bras à la petite vierge qui l'accepta en rougissant de plaisir. Comme ils traversaient la place, ils se mêlèrent à un groupe de fillettes et de garçons, attroupés autour d'un colporteur qui avait étalé là, en plein soleil, sa balle de livres, de chapelets et d'images enluminées. Après avoir acheté bon nombre de chapelets et d'images qu'il distribua gracieusement à la galerie émerveillée de ces largesses, Roger se mit avec Catherine à feuilleter les trésors éparpillés de la bibliothèque ambulante. Entre autres chefs-d'œuvre, on y voyait : *Victor ou l'Enfant de la forêt*, *Alexis ou la Maisonnette dans les bois*, *Cartouche et Mandrin*, *Rinaldo Rinaldini*, *les Amours de lord Byron*, *les Aventures galantes de la famille Bonaparte*, puis, pâles fleurs poussées sur du fumier, *Estelle et Némorin*, *la Bergère des Alpes*, *les Incas*, *Gonzalve de Cordoue*. Je suis obligé d'avouer que mon héros et mon héroïne étaient à-peu-près étrangers l'un et l'autre à toute espèce de littérature. L'éducation de Roger avait été singulièrement négligée, et les lectures de Catherine s'étaient bornées jusqu'à présent à quelques volumes de piété. Cependant, pour les natures fines et délicates, quoique peu ou point littéraires, les livres ont un parfum qui les trahit tout d'abord, à quelque page qu'on les ouvre. Ainsi la nièce de François Paty venait de fermer successivement une demi-douzaine de ceux-là, après n'avoir fait qu'y toucher, quand elle parut tout d'un coup absorbée par un de ces ouvrages qu'elle avait pris sans choix, au hasard,

— Que lisez-vous donc, mademoiselle, demanda Roger, qui vous charme à ce point et vous attache ainsi?

Ce volume que tenait la petite vierge, imprimé sur papier à sucre, avec des têtes de clous, et *orné* de gravures qui avaient du moins sur certaines illustrations modernes l'avantage d'un sentiment simple et naïf, ce volume, dis-je, qui absorbait de la sorte la jolie fille, s'appelait tout bonnement *Paul et Virginie*. Adorable poëme, charme de tous les âges! Catherine, en l'ouvrant, était tombée sur le passage où les deux beaux enfants vont demander la grâce d'une pauvre esclave qui s'est enfuie de chez son maître, et, dès les premières lignes de ce touchant récit, sous le soleil de juin qui tombait d'aplomb sur sa tête, elle s'était sentie, comme par enchantement, enveloppée d'ombre et de fraîcheur.

— Oh! s'écria-t-elle, je voudrais avoir ce livre.

— Eh bien! répliqua Roger, nous allons l'acheter et nous le lirons ensemble.

Puis, ayant découvert dans le restant de la collection d'images un portrait passablement laid qui était censé représenter saint Claude, il l'offrit en présent au jeune Noirel qui se tenait près de Catherine, immobile et droit comme une perche.

— Je vous dois bien cela, lui dit-il, pour la façon si obligeante dont vous m'avez un jour indiqué la route de Saint-Sylvain.

C'était la première fois que Roger faisait allusion à ce petit épisode. Claude rougit et resta bouche béante, les yeux baissés sur l'image qu'il avait prise machinalement.

— C'est drôle, dit Catherine, ça te ressemble.

A ces mots, elle et Roger partirent d'un éclat de rire, et tous deux se dirigèrent gaîment vers la cure, la petite fée au bras du jeune des Songères, avec son livre dans la poche de son tablier, tandis que le malheureux Claude marchait par derrière, portant d'un air penaud son patron à la main.

Ainsi qu'on en était convenu, le doux livre fut lu en commun, c'est-à-dire que Roger le lut à haute voix, pendant que Catherine brodait et que Marthe filait sa quenouille, Quant au bon curé, les devoirs de son ministère ne lui laissaient guère le temps de s'attendrir sur des infortunes imaginaires. Ces lectures se faisaient tantôt dans la salle du presbytère, tantôt sous les marronniers de la terrasse. Vous voyez d'ici ce petit tableau d'intérieur : Roger lisant, Catherine jouant de l'aiguille, Marthe faisant tourner son fuseau, les chiens de chasse couchés, le museau entre leurs pattes, aux pieds de la petite fée, qui suspend de loin en loin son travail pour les flatter de sa main caressante, Claude enfin, qui a réussi à tromper la surveillance de son père et à s'échapper de son école, entrant à pas de loup et allant s'asseoir derrière la chaise de la jolie brodeuse. Je ne pourrais dire si Roger lisait mal ou bien : tout ce que j'en sais, c'est qu'il lisait simplement et que sa voix allait droit au cœur de notre petite amie. Pour Catherine et pour Roger, ce livre fut comme une coupe enchantée où leurs lèvres se rencontrèrent, comme une source d'eau vive où leurs âmes se plongèrent en même temps et se confondirent. Dans leurs pensées, ils se substituaient l'un et l'autre aux deux héros du gracieux poëme, et, bien qu'ils ne se connussent que depuis quelques jours seulement, ils se plaisaient, chacun de son côté, à établir de mystérieux rapports entre leur destinée et celle des deux enfants dont ils apprenaient l'histoire. Par la naïveté des remarques et des réflexions qu'elle émettait fréquemment, Marthe aidait encore à ces illusions.

— Ah! ma mignonne, disait-elle de temps en temps en interrompant le lecteur, il me semble que je te vois avec M. Roger, vous promenant ensemble dans nos bois.

— Pourquoi pas avec moi? s'avisa une fois de demander Claude, qui, ayant grandi et s'étant élevé avec Catherine comme Paul avec Virginie, s'indignait, avec raison peut-être, de voir son rôle usurpé par un étranger.

— Dam! répondait la vieille nourrice,

c'est que M. Paul n'avait pas l'honneur, comme toi, de chanter au lutrin et d'apprendre à lire à la jeunesse de son village.

— Ce n'est pas une raison, répliquait Claude plus rouge que la crête d'un coq.

— Écoute donc, mon garçon, ajoutait Marthe, je ne prétends rien ôter à tes mérites ; cependant m'est avis que M. Paul ne devait pas avoir le nez tourné comme le tien.

— Ce n'est pas une raison, répétait Claude en serrant les poings.

— Allons ! allons ! disait Catherine, plus rouge à son tour qu'une fleur de grenadier, vous oubliez que nous ne sommes point à l'île de France et que la Creuse coule à deux pas d'ici. Laissons ces enfantillages et reprenons notre aimable récit.

Ce petit roman est une poétique image de la vie; comme le matin de l'existence, les premières pages sont remplies de fraîcheur et d'harmonie; les dernières sont voilées d'un crêpe funèbre. A mesure qu'on approchait de la catastrophe, la voix de Roger s'amollissait, le sein de Catherine se soulevait; Marthe priait Dieu pour qu'il apaisât les flots de la mer en courroux, et Claude couvait la petite vierge d'un œil ardent, prêt à s'élancer pour l'arracher à la fureur des vagues. Lorsqu'on vit, spectacle digne d'une éternelle pitié! une jeune demoiselle paraître à la poupe du Saint-Géran, Marthe et Catherine laissèrent tomber, l'une son fuseau, l'autre son aiguille, et lorsqu'enfin, les bras croisés sur sa poitrine et les yeux levés au ciel, comme un ange prêt à s'envoler, Virginie fut emportée par une lame, les deux femmes éclatèrent en sanglots, et Roger lui-même ne put retenir ses pleurs. Pour Claude, à ce moment suprême, il se jeta sur la petite vierge et la pressant entre ses bras :

— O ma Catherine! moi je t'aurais sauvée! s'écria-t-il avec une expression de tendresse ineffable.

— Oui, mon ami, oui, je le crois, répondit doucement Catherine, touchée jusqu'au fond du cœur de ce mouvement du bon Claude.

A ces lectures qui avaient absorbé deux ou trois journées, succédèrent les longs entretiens auxquels François Paty venait mêler sa parole indulgente et bonne. Le

vieux curé ne se lassait pas de voir à la
cure ce jeune Roger qu'il avait tout d'abord aimé en souvenir de sa noble mère
Il se plaisait à les rassembler, sa nièce et
lui, sous un même regard. Ils allaient ensemble, à la chute du jour, se promener
tous trois, soit dans la vallée, sur le bord
de la Creuse, soit le long des blés jaunissants, soit sur la pente des coteaux d'alentour. François Paty marchait entre les
deux enfants, et c'était une chose charmante à voir que cette tête blanche et souriante entre ces deux jeunes fronts rêveurs
et recueillis. Il leur parlait de Dieu, de la
nature, des devoirs de la créature ici-bas.
Parfois il les faisait asseoir auprès de lui
sur un tertre vert, et là il leur lisait quelque passage de la Bible. Pendant ce
temps, l'horizon s'empourprait des feux

du couchant, les brises du soir se levaient, et l'on entendait au loin le chant mélancolique des pâtres mêlé aux mugissements des bœufs qui retournaient lentement aux étables. Il leur parlait aussi de leurs mères qu'ils avaient perdues l'un et l'autre. Il disait leurs grâces, leur bonté, leur piété, et quel suave parfum elles avaient exhalé en passant sur la terre. Puis, il voulait que Roger parlât à son tour. Roger racontait alors de quelle façon il s'était élevé, son enfance silencieuse et sa jeunesse solitaire. Il disait aussi ce qu'il avait vu et observé pendant ses voyages, les vieilles cathédrales d'Allemagne, les vieux châteaux sur les rives du Rhin. Quoi qu'il racontât, Catherine se plaisait à tous ces discours, et François Paty recevait avec une joie secrète les révélations de cet aimable cœur et les confidences de ce poétique esprit. Ils s'arrêtaient souvent pour consoler quelque douleur et soulager quelque infortune. C'étaient tantôt quelque mendiant assis sur le bord d'un fossé, tantôt quelque petite fille qui s'en allait, comme Paquerette, pieds nus et les cheveux au vent. Complice de la charité de l'oncle et de la nièce, Roger faisait bénir dans la contrée le nom que le comte y avait fait si longtemps détester; le fils acquittait les dettes du père, et déjà la haine, qui, comme une rouille, rongeait ce nom depuis plus de vingt ans, commençait à disparaître sous une averse de bienfaits. Enfin, quand les étoiles s'allumaient au ciel et que les rainettes chantaient entre les roseaux des étangs, ils reprenaient le chemin du presbytère, où

Marthe avait préparé une petite collation.
Il y avait encore là, autour de la table frugale chargée de crême, de fraises et de cerises, une heure de bonne causerie et de douce intimité. Puis Roger montait à cheval et s'en retournait à Bigny, chaque fois plus heureux et meilleur.

Ainsi coulaient les jours, et, tandis que Claude dépérissait de tristesse et d'ennui, les deux beaux jeunes gens s'abandonnaient au charme qui les attirait l'un vers l'autre, lorsqu'il arriva qu'un soir quelques paroles de François Paty remplirent de trouble la petite vierge et commencèrent à l'éclairer sur l'état de son propre cœur ; car jusqu'alors la naïve enfant n'avait même pas soupçonné ce qui se passait en elle. Un soir qu'ils se promenaient tous trois en suivant le cours de l'eau, je ne sais comment il se fit que Roger vint à parler de l'absence prolongée du comte des Songères et de son retour qu'il présumait devoir être prochain. Il faut dire d'abord qu'entre Roger, François Paty et Catherine, il n'était jamais question du comte. Le vieux pasteur y mettait une discrétion qu'il est facile de comprendre; de son côté, Roger, qui ne pensait à son père qu'avec un vague sentiment de terreur, et qui d'ailleurs le sentait peu aimé dans le pays, se gardait bien de mêler cette ombre au tableau de ses félicités; quant à Catherine, dans le chaste enivrement de ses sens ravis, elle ne se souciait guère de savoir s'il était en ce monde un autre être que son oncle et Roger. A quelles destinées ce jeune homme était-il réservé? Quelle cause l'avait ramené, après vingt ans d'absence, au château de Bigny? Devait-il s'y fixer ou reprendre bientôt la route de l'Allemagne? Était-il libre enfin et maître de ses jours? autant de questions que la petite vierge ne songeait pas à s'adresser. Pour elle, la vie n'avait qu'une heure, l'heure où ce jeune homme était là; Roger s'oubliait dans la même ivresse; et le bon curé, qui avait, en dehors de son ministère toute l'insouciance et tout le laisser-aller d'un enfant, n'était rien moins que propre à mettre ces deux jeunes gens dans le chemin de la réalité. En parlant de son père, le jeune des Songères, sans s'en douter, introduisit forcément le pasteur dans le vrai de la situation.

— Mon jeune ami, lui dit François Paty

avec un sentiment de tristesse, je crois devoir vous prévenir que le retour de M. le comte mettra nécessairement un terme à nos relations. Il faudra ne plus nous voir, ou tout au moins nous voir plus rarement.

A ces mots, les deux jeunes gens s'arrêtèrent simultanément et regardèrent le pasteur d'un air effaré.

— Pourquoi donc, mon oncle? demanda la petite vierge.

— Pourquoi voulez-vous, Monsieur le curé, ajouta Roger, que le retour de mon père change rien à notre intimité?

— Ne m'interrogez pas, mes enfants, répondit François Paty en leur prenant à chacun une main. Apprenez seulement, mon jeune ami, ajouta-t-il en s'adressant à Roger, apprenez que M. le comte, une fois de retour, vous ne sauriez, sans le désobliger, sans l'irriter peut-être, continuer vos visites à la cure, et que moi-même je me serais fait un scrupule de vous y attirer, si je n'avais eu à remplir vis-à-vis de vous les dernières volontés de votre sainte mère.

— Mais, Monsieur le curé, s'écria le jeune homme avec un léger mouvement d'impatience, qu'importe à mon père que je vienne une fois la semaine m'asseoir à votre table et me reposer sous votre toit? Je suis libre d'ailleurs et maître de mes actions, ajouta-t-il d'un ton résolu.

— Mon ami, répliqua le pasteur, je souffrirai sans doute de ne plus vous voir, mais je ne veux ni ne dois être un sujet de querelle et de discorde entre vous et Monsieur votre père. Il me restera la consolation d'avoir accompli les devoirs que m'avait légués votre mère avant d'expirer. Je vous ai parlé d'elle, j'irai bientôt lui parler de vous.

— Monsieur le curé, ajouta Roger d'une voix ferme, c'est sous votre toit que j'ai, pour la première fois, entendu parler de la chère créature qui m'a donné la vie ; c'est vous qui le premier m'avez appris à la connaître et à l'adorer. Vous m'avez accueilli avec bonté ; c'est à vous que je dois d'avoir goûté le bonheur d'aimer et de me sentir un peu aimé. Je veux donc que vous sachiez bien qu'il n'est rien au monde qui puisse m'empêcher de franchir le seuil de votre porte, à moins que vous-même ne me l'interdisiez.

— Mais, mon oncle, il me semble...,

balbutia Catherine d'une mourante voix.

— Allons, allons, mes chers enfants! s'écria François Paty en souriant avec mélancolie, pourquoi troubler ainsi cette douce soirée? Nous sommes ingrats envers le Dieu qui nous la donne. A quoi bon d'ailleurs nous inquiéter de l'avenir? L'homme passe comme l'eau de cette rivière, sans savoir aujourd'hui où il sera demain. La grande affaire est de bien mériter de l'Eternel, pour qu'il réunisse dans le ciel les âmes qui se sont aimées sur la terre.

Quoi que pût dire le vieux pasteur, la promenade s'acheva tristement, et plus d'une fois la petite fée se détourna pour essuyer furtivement ses grands beaux yeux de velours noir. De retour au presbytère, quand Roger fut parti, moins léger et moins joyeux que d'habitude, elle accabla de questions son oncle, qui, n'étant plus gêné par la présence du jeune vicomte, raconta vaguement ce qui s'était passé, par une nuit d'hiver, vingt ans auparavant. De peur de flétrir cette âme en sa fleur, il adoucit et voila autant qu'il le put la sombre réalité ; mais il en dit assez pour laisser entrevoir à sa nièce quel homme c'était décidément que le comte des Songères, et de quelle haine ce cœur hautain et cruel devait encore être animé contre le curé de Saint-Sylvain.

— Mais, mon oncle, s'écria Catherine, tout cela ne saurait empêcher M. Roger de revenir de temps en temps à la cure. M. Roger l'a dit avec raison : il est libre et maître de ses actions.

— Ma fille, répliqua François Paty en branlant la tête, ce jeune homme est moins libre qu'il ne le croit ; c'est une âme tendre et faible qui sera brisée, je le crains bien, par la volonté de son père, ainsi que le fut celle de l'infortunée comtesse. Allons, va dormir, mon enfant, et que Dieu t'envoie de doux rêves ! ajouta-t-il en la baisant au front.

Rentrée dans sa chambre, Catherine ferma violemment sa fenêtre au nez de Claude qui, debout contre un des tilleuls dont la place de l'église était plantée, poussait des soupirs à soulever l'Atlas ; puis, s'étant jetée sur son lit, la pauvre enfant fondit en pleurs. Premières larmes de l'amour, plus pures que les gouttes de rosée qui emperlent le matin les pétales embaumées des lis, et que les anges durent recueillir dans des coupes d'opale et de saphir !

—Bonté divine ! qu'y a-t-il, mon enfant? s'écria la vieille Marthe en la prenant entre ses bras.

— Ah ! nourrice, nourrice ! s'écria la petite vierge, nous allons être séparés comme le furent Paul et Virginie.

Marthe eut bien de la peine à comprendre, et lorsqu'enfin elle eût compris la cause de ce grand désespoir :

— Ah ! ça, dit-elle, c'est donc un Turc que ce père-là ? Mais, ma mignonne, console-toi, la mer ne coule pas entre Saint-Sylvain et Bigny. Et puis, en fin de compte, si M. Roger ne revient plus, à la grâce de Dieu! Sans doute ce sera une grande perte pour l'église, et la quête du dimanche s'en ressentira quelque peu ; mais le bon Dieu ne nous abandonnera pas, lui, et nous trouverons le moyen, comme devant, de venir en aide à nos pauvres.

Là-dessus, la vieille nourrice, qui s'entendait en amour autant qu'en archéologie, embrassa Catherine et s'alla coucher.

— Par exemple, marmottait-elle en descendant lourdement l'escalier, il me faudra renoncer à revoir jamais dans ma cuisine d'aussi belles carpes et d'aussi belles oies.

Cependant Roger retournait à Bigny, au galop de son cheval, décidé à briser, s'il en était besoin, le joug paternel, et se rattachant d'autant plus à son amour qu'il y prévoyait déjà des obstacles. Cet amour, voici quelques heures, Roger le soupçonnait à peine; comme d'un choc une étincelle, il avait jailli de la première difficulté qu'il venait de rencontrer sur sa route. Règle générale, l'amour est d'autant plus probable qu'il paraît impossible. Voici deux jeunes gens que leurs familles étroitement unies entre elles, ont fiancés l'un à l'autre au berceau. Ils sont nés porte à porte, ont grandi côte à côte et se sont levés, à proprement parler, sous le même toit. C'est le rêve de leurs mères et la volonté de leurs pères qu'ils en arrivent insensiblement à une affection plus tendre et finissent par s'épouser : pariez donc cent contre un qu'ils aimeront ailleurs chacun de son côté, et qu'ils ne s'épouseront pas. Mais qu'au contraire, au lieu d'être unis, leurs parents soient, comme on dit, à couteaux tirés, qu'on interdise à ces deux enfants de se voir et de se rencontrer, qu'il y ait entre eux, comme un bras de l'Océan ou comme un pan des Cordillères, une de ces vieilles haines héréditaires qui se transmettent de génération en génération : il est à peu près certain que ces enfants en viendront à s'aimer avec idolâtrie. Ce sont les Capulet et les Montaigu qui font les Juliette et les Roméo.

Tout dormait au château quand Roger y rentra. En traversant le salon pour gagner sa chambre, il ne fut pas médiocrement étonné d'y voir, à la lueur du flambeau qu'il portait à la main, un magnifique piano d'ébène à filets de cuivre, fraîchement déballé, et çà et là, pêle-mêle, une innombrable quantité de caisses et de cartons. Un piano chez le comte des Songères était chose aussi surprenante que pourrait l'être un volume de poésie dans la tanière d'un renard ou une flûte dans l'aire d'un vautour. Roger avait l'avantage, bien rare aujourd'hui, de ne jouer d'aucun instrument; mais eût-il été affligé d'une jolie force sur le piano, il connaissait trop bien son père pour lui pouvoir raisonnablement supposer l'intention d'un gracieux procédé et d'une attention délicate. Pour savoir à quoi s'en tenir, il alla, sans plus attendre, frapper à la porte du Robineau, qui se réveilla en grognant et répondit que ces objets étaient arrivés le jour même par le roulage, à l'adresse de M. le comte. Le jeune homme ayant insisté, Robineau affirma qu'il n'en savait pas davantage.

Le lendemain, de grand matin, Roger fut réveillé en sursaut par un épouvantable vacarme qui se faisait dans le château, ordinairement si calme et silencieux comme un tombeau. Il se leva à la hâte et trouva, en sortant de sa chambre, maître Robineau au milieu d'une armée de tapissiers, de peintres, de menuisiers et d'ouvriers de toutes sortes, occupés à bouleverser, pour le rajeunir, le sombre intérieur du manoir. Les uns décrochaient les rideaux fanés et moisis; les autres renouvelaient les tentures; ceux-là rajustaient les parquets; ceux-ci repeignaient les lambris. Robineau présidait à ces travaux d'un air important, et, lorsqu'il aperçut Roger, sa figure de fouine et de chacal prit une expression de joie méchante et de triomphe insultant.

— Qu'est-ce que cela signifie? demanda sur-le-champ Roger.

— J'exécute les ordres de Monsieur le comte, répliqua sèchement Robineau.

— Mais encore... ajouta le jeune homme.

— J'exécute les ordres de Monsieur le comte, répéta le vieux scélérat.

— Cependant, monsieur, vous devez savoir....

— Je ne sais rien, répondit Robineau, sinon que j'exécute les ordres de Monsieur le comte.

— Vous me trompez, monsieur, s'écria vivement Roger : montrez-moi la lettre que mon père a dû vous écrire à ce sujet.

— Bien que je ne reconnaisse ici qu'un seul maître, répondit Robineau, je suis désolé, Monsieur le vicomte, d'avoir à vous désobéir; malheureusement, parmi les instructions que m'a données Monsieur le comte, je ne pense pas qu'on puisse trouver l'ordre de vous communiquer les lettres qu'il m'écrit.

— Il suffit, monsieur, repartit Roger avec hauteur.

Et il s'éloigna, passablement intrigué de ce qui se tramait au château, tandis que Robineau se frottait les mains, riait dans sa barbe sale et grésillait de joie dans sa vieille peau d'intendant.

Agité, tourmenté, observant avec une sourde inquiétude ce qui se passait autour de lui, le jeune des Songères resta quelques jours sans retourner à la cure. Pendant ce temps, notre petite amie souffrait de son côté. Depuis qu'elle voyait clair dans son cœur, elle était devenue tout d'un coup sérieuse et recueillie : le véritable amour est grave. Toutefois, au milieu des préoccupations qui l'obsédaient, la pieuse fille n'oubliait ni les indigents de la commune, ni les besoins du presbytère sans cesse renaissants. Elle venait d'achever plusieurs pièces de broderie qui lui avaient été commandées, et, comme le petit Jean était retenu au lit par une fièvre de croissance, elle se décida à les porter elle-même à Aubusson, qui était la ville voisine. D'ailleurs, dans les dispositions de cœur et d'esprit où elle se trouvait, Catherine avait besoin de solitude, de mouvement, de grand air et de liberté. Elle partit donc un matin, sans avoir prévenu l'ami Claude qui n'eût pas manqué de vouloir l'accompagner; elle partit comme autrefois, sur Annette, qui fit entendre un hennissement joyeux et frétilla gentiment de la queue en reconnaissant le poids de sa jeune maîtresse.

Quoique frêle, nerveuse, délicate, Catherine était cependant une organisation énergique et vivace, avide de bonheur et peu portée vers le côté douloureux de la passion. En se retrouvant sur sa vieille jument grise, par une belle matinée de juillet, au milieu des splendeurs de cette éternelle nature qu'elle aimait tant et qu'elle comprenait si bien, en aspirant l'air à pleins poumons, en entendant les oiseaux chanter sur son passage, en revoyant ces champs, ces prés et ces coteaux qui l'avaient vue passer tant de fois heureuse et légère; enfin, en recueillant, comme autrefois, sur son chemin, le salut amical des pâtres et des bergères, la petite vierge oublia tout et ne sentit plus que la chaste ivresse de la jeunesse et de l'amour qui l'inondaient de toutes parts. Ses yeux retrouvèrent leur éclat, ses joues leur fraîcheur, ses lèvres leur sourire. Elle était charmante en vérité, et, qui que vous soyez, quaker, ermite ou saint, je vous jure que vous vous seriez arrêté pour la regarder, glissant ainsi le long des troënes, sous l'azur du ciel, au trot de sa bête, avec son chapeau de fine paille à rubans bleus, son corsage blanc et sa robe d'indienne brune, sous laquelle de temps en temps deux petits pieds montraient furtivement le bout de leur nez.

On l'aimait à la ville aussi bien qu'aux champs, et c'étaient des joies et des fêtes dans les maisons où elle s'arrêtait. Elle était reçue dans les meilleures familles, qui l'accueillaient avec bienveillance et la traitaient sur un pied de parfaite égalité. Il est bon d'ajouter qu'Aubusson n'était point alors ce qu'il est aujourd'hui, et que les bienfaits de la civilisation n'avaient pas encore pénétré au fond de ces pauvres montagnes. Les mœurs y étaient simples, et la cité ne formait, à proprement parler, qu'une seule famille. Chère petite ville! rivière aux belles ondes! coteaux de la

Magdeleine ! ombrages de La Seiglière ! jardin à triple étage où j'ai joué tout enfant avec ma jeune sœur ! fenêtre où j'ai vu tant de fois ma vieille mère assise et travaillant ! Mon cœur s'émeut à ces souvenirs, éveillés, malgré moi, par le nom seul de la patrie absente, hélas ! et perdue sans retour.

Cette fois, Catherine avait à remettre ses broderies aux demoiselles G....., deux jeunes personnes qu'elle affectionnait particulièrement, à cause de leur grâce et de leur bonté. En entendant le pas d'Annette qui venait de s'arrêter à leur porte, et qu'elles avaient reconnu d'un bout à l'autre de la rue, les deux sœurs coururent à la petite vierge, qu'elles reçurent dans leurs bras caressants.

— Que te voilà belle! dit Octavie en l'examinant des pieds à la tête.

— Que te voilà fraîche et gentille! dit à son tour Adrienne; tu nous arrives comme un bouquet de fleurs cueilli dans la rosée du matin.

Puis elles la conduisirent triomphalement à leur mère, qui la pressa contre son cœur comme une troisième fille. Ce furent ensuite des causeries sans fin : qu'on s'imagine le ramage de trois oiseaux dans un buisson. On admira les broderies de la petite fée; on s'extasia sur la délicatesse du point et sur le fini du travail; on la combla de compliments, de caresses et de présents. Adrienne lui donna son dé d'or, et Octavie détacha de son col une petite croix de perles fines qu'elle mit elle-même au col de Catherine, sans parler du prix des broderies qu'on la força bien d'accepter.

— Eh! mes aimables demoiselles, que puis-je vous donner à mon tour? demanda tristement la nièce de François Paty.

— Prie le bon Dieu pour notre mère, répondirent-elles toutes deux en l'embrassant.

—Oui, répondit Catherine, et pour qu'il vous envoie à chacune un mari bon et gentil comme vous.

Puis il fallut se séparer, d'autant plus promptement que le ciel se couvrait de nuages, et que Catherine n'avait pas de temps à perdre si elle voulait arriver à

Saint-Sylvain avant que l'orage éclatât. En effet, comme elle approchait du village de la Hachère, la nuée creva, et la belle enfant fut obligée de se réfugier dans la ferme où Paquerette remplissait les fonctions de gardeuse de pourceaux. La petite, qui s'y trouvait seule, en fit les honneurs de son mieux, c'est-à-dire qu'après avoir abrité Annette sous une espèce de hangar, elle alluma, tout en jasant et babillant, un bon feu clair, devant lequel Catherine put sécher sa robe et réchauffer ses jolies mains.

Elle était là depuis une heure, regardant la grêle tomber et prêtant l'oreille au bavardage de Paquerette, quand elle entendit un bruit lointain de galop qui se rapprochait de plus en plus, et soudain la petite, qui se tenait sur le pas de la porte, s'écria en battant des mains :

— Mademoiselle, Mademoiselle, voici le joli monsieur!

Presqu'au même instant, un cheval s'arrêta tout fumant devant la ferme, et Roger en descendit. Surpris, lui aussi, par l'orage, il venait chercher un abri sous ce toit où il ne s'attendait guère à rencontrer Catherine, et où Catherine ne s'attendait pas davantage à le voir arriver. Ils rougirent et se troublèrent en s'apercevant; car depuis qu'ils étaient éclairés chacun sur l'état de son propre cœur, ils avaient perdu, vis-à-vis l'un de l'autre, leur assurance et leur sérénité. Heureusement, l'intarissable babil de Paquerette les tira d'embarras, et leur permit d'écouter, sans trop de contrainte, le langage mystérieux de leurs âmes qui s'attiraient et se parlaient tout bas.

— Conte-moi ton histoire, dit tout d'un coup Roger à la fillette.

— Mon histoire ? demanda la petite. Est-ce qu'une pauvre créature comme moi a des histoires à raconter ?

— Conte toujours, ajouta le jeune homme.

— Vous le voulez ! ça ne sera pas long, dit-elle en s'accoudant familièrement sur le coin d'une table grossière, le menton dans la main et le visage tourné du côté de Roger. Je fus trouvée, un matin d'avril, dans un fossé tout rempli de paquerettes, ce qui vous explique, mon joli Monsieur, le nom qu'on m'a donné dans le pays. De pauvres métayers de la Hachère me recueillirent, m'élevèrent, et, aussitôt que je pus mettre mes pieds l'un devant l'autre, ils me confièrent leurs cochons à garder. Un jour que je promenais mes animaux, je fis la rencontre de mademoiselle Catherine qui passait par-là sur sa jument grise. Elle s'arrêta pour causer avec moi, me prit tout d'abord en amitié, et me dit de l'aller voir à la cure de Saint-Sylvain. Il faut vous dire que jusqu'alors je n'étais ni plus ni moins que l'herbe des prés et la mousse des bois. Je n'avais idée de rien, et ne ressemblais pas trop mal aux feuilles détachées qui ne savent pas où le vent les pousse : seulement, j'étais triste et je pleurais souvent, parce que je me sentais seule au monde. Mademoiselle Catherine changea tout cela. Elle m'apprit à aimer le bon Dieu, à le voir partout, à le bénir dans les belles choses qu'il a faites. Elle m'apprit aussi que, si peu que je sois, je suis une créature de ce Dieu tout-puissant ; que mon âme vient du ciel et qu'elle y retournera. Je ne sais pas si c'est aux vérités qu'elle m'a révélées, ou bien au bonheur que j'ai de la connaître, que je dois attribuer le changement qui s'est fait en moi ; mais ce que je sais bien, c'est que, depuis que j'ai rencontré la petite vierge sur sa jument grise, je ne me sens plus seule ni triste, et qu'au lieu de pleurer ainsi que je faisais autrefois, je m'en vais gaîment et chantant le long des chemins. Mon joli Monsieur, voilà mon histoire.

Tandis qu'elle parlait ainsi, assis chacun sur un escabeau, dans cette ferme ouverte à tous les vents, entre ces murs nus et dégradés, sous ces poutres enfumées où l'araignée tissait en paix sa toile, et d'où pendaient quelques bottes d'ognons dorés, ils étaient si beaux tous deux, Catherine souriante et rêveuse dans un coin de l'âtre, Roger se détachant avec sa blonde tête sur le fond bruni de la muraille, si beaux et d'un effet si gracieux et si poétique que Paquerette finit par en être frappée, et qu'il vint un instant, quand elle eut achevé son histoire, où elle demeura immobile et muette à les contempler.

— Si l'on ne dirait pas, s'écria-t-elle, deux anges surpris par une averse en se promenant, et qui sont entrés dans cette pauvre maison pour sécher la plume de leurs ailes!

A ces mots, Catherine se leva, et s'étant avancée vers la porte, elle se mit à regarder d'un air distrait le soleil brillant à l'horizon, et les nuages dispersés dans le ciel, tandis que Roger, resté au coin du foyer, continuait de s'entretenir avec Paquerette.

— Ainsi, mon enfant, disait-il, mademoiselle Catherine est ce que tu aimes le mieux au monde?

— Oui, oh! oui, s'écria Paquerette en joignant ses deux mains; comment pourrait-il en être autrement? Je l'aime, d'abord parce qu'elle est bonne et que je ne sais rien de meilleur sous le ciel. Ensuite, expliquez ça si vous pouvez, je l'aime parce qu'elle est belle, et que je ne sais rien de si beau sur la terre, pas même vous, mon joli Monsieur, qui êtes bien gentil pourtant. Rien que de la voir me réjouit le cœur. L'avez-vous examinée, le jour de la Saint-Sylvain, avec sa robe blanche et sa ceinture bleue comme vos yeux ? Etait-elle assez mignonne, dans cette vieille église, agenouillée au milieu des pauvres du village et de la commune ? N'aurait-on pas dit en effet la Sainte Vierge entourée des affligés dont elle est la mère ? Vous étiez bien mignon, vous aussi, dans votre banc : c'est moi qui vous ai vu la première et qui vous ai montré à mademoiselle Catherine. Il faut que ça lui ait fait plaisir de vous savoir là : car elle a rougi comme une fraise en vous apercevant, et ses grands yeux noirs ont brillé comme deux étoiles. Voulez-vous, ajouta-t-elle d'un air mystérieux, et en baissant la voix, voulez-vous que je vous dise ce que je pense en ce moment?

— Dis, répliqua le jeune homme qui se plaisait à l'écouter.

— Je pense, reprit-elle en souriant, que si, au lieu d'être ce que je suis, une pauvre petite gardeuse de pourceaux, j'étais ce que vous êtes, un jeune et joli Monsieur, ayant château, parc et domaines...

— Eh bien, demanda Roger, que ferais-tu?

— Devinez, dit Paquerette.

— Comment veux-tu que je devine?

— Ne devinez donc pas, dit-elle.

— Allons, allons! s'écria Catherine, le

ciel s'est éclairci. Paquerette, adieu et merci ! nous partons.

Quelques instants après, elle et Roger étaient en selle, cheminant côte à côte, sous un berceau de trembles et de chênes qui secouaient, comme des perles sur leurs têtes, les gouttes de pluie dont ils étaient chargés. Tous deux étaient soucieux, et c'est à peine s'ils échangeaient de loin en loin quelques paroles. Ils virent le soleil disparaître derrière les collines, et, quand les étoiles parurent au firmament, ils étaient encore loin de Saint-Sylvain. La route que suivait Roger n'était pas précisément celle qui conduisait à Bigny; mais il n'y songeait pas. Catherine elle-même ne paraissait pas s'en apercevoir, et d'ailleurs il était tout simple que ce jeune homme ne laissât point cette jeune fille seule à cette heure, par les chemins déserts. Les bruits du jour achevèrent peu à peu de s'éteindre, la bande lumineuse du couchant pâlit et s'effaça, la lune monta pleine et radieuse, et bientôt l'on n'entendit plus que les gouttes de pluie qui tombaient de feuille en feuille, et quelques petits cris d'oiseaux qui se caressaient dans leurs nids.

Ils allaient tous deux en silence, s'observant à la dérobée, et se rappelant, chacun de son côté, les chastes amours des deux beaux enfants dont ils avaient lu l'histoire quelques semaines auparavant. Autour d'eux, l'air était saturé de ces enivrantes senteurs qu'exhalent, après l'orage, la terre, les prés et les bois. Parfois, le sentier le long duquel ils chevauchaient se rétrécissait tellement que l'haleine de Catherine, plus fraîche et plus embaumée que la menthe des haies, passait sur le visage de Roger, tandis que les cheveux du jeune homme, plus fins que la plus fine soie, effleuraient les joues de la petite fée. Ils étaient purs l'un et l'autre comme la voûte azurée qui brillait au-dessus de leurs fronts, et les séraphins durent interrompre leurs concerts pour écouter le divin poëme qui se chantait dans ces jeunes âmes.

Ils allaient ainsi depuis plus d'une heure, quand les deux chevaux, d'un commun accord, s'arrêtèrent irrésolus au milieu d'un carrefour. En cet instant Catherine et Roger se regardèrent, et là, au bout de quelques secondes d'un recueillement religieux pendant lequel ils ne cessèrent pas d'avoir leurs yeux attachés l'un sur l'autre, à la clarté des étoiles, à la face des cieux, en présence de la sainte nature qu'ils prenaient à témoin, ces deux enfants se dirent qu'ils s'aimaient.

Ce ne fut qu'un mot échangé dans le silence de la nuit : rien qu'un mot, mais si doux, si charmant, que ce n'est plus la peine de vivre lorsqu'on a passé la saison de l'entendre et de le prononcer.

—Catherine, je vous aime, avait dit Roger.

— Je vous aime, Roger, avait répondu Catherine.

Puis ils s'étaient séparés aussitôt, après s'être ainsi partagé le ciel.

Ce même soir, en rentrant dans sa chambre, Roger trouva sur sa table une lettre au timbre de Paris. Après avoir reconnu sur la suscription l'écriture de son père, il brisa le cachet aux armes de sa famille et lut les lignes suivantes :

« Mon fils,

« Préparez-vous à recevoir, sous peu de jours, ma sœur et sa fille qui veulent bien nous faire l'amitié de venir passer quelques mois avec nous au château de Bigny. Je craindrais de vous outrager en rappelant ici les sentiments dont vous devez être pénétré pour votre tante et pour votre cousine; je vous abandonne avec confiance aux inspirations de votre propre cœur.

« Votre père,
« Comte des Songères. »

C'est tout au plus si Roger avait soupçonné jusqu'alors l'existence de sa tante madame Barnajon et de sa cousine mademoiselle Malvina. A la lecture de ce billet, il sentit un frisson mortel passer sur son cœur; mais, sans s'arrêter plus longtemps à la perspective peu réjouissante du retour de son père et de l'arrivée de ces dames, il s'abîma tout entier dans le sentiment de son bonheur.

FIN DU PREMIER VOLUME.

TABLE.

Chapitres.   Pages.

I.   Le presbytère   1
II.   Le château   33
III.   Roger.   71
IV.   Nouveaux embarras 103
V.   La Saint-Sylvain. 135
VI.   Babil, amour et vengeance 181
VII.   Revue rétrospective. 245
VIII. Jours heureux 275

www.ingramcontent.com/pod-product-compliance
Lightning Source LLC
Chambersburg PA
CBHW060501170426
43199CB00011B/1282